Libby Purves
Die Kunst, (k)eine perfekte Familie zu sein

Libby Purves war eine »Spätzünderin«. Erst mit zweiunddreißig bekam sie ihr erstes Baby. Die Zeit davor nutzte sie, um wertvolle Erfahrungen zu sammeln. Sie arbeitete als Bardame, Rundfunksprecherin, Reisereporterin und sechs aufregende Monate lang als Redakteurin für das Gesellschaftsmagazin *Tatler.* Diese Karriere schuf wichtige Voraussetzungen für die spätere Beherrschung der mütterlichen Künste, unvernünftige Individuen zu beruhigen, ohne Schlaf zu leben und sich in allen schwierigen Situationen herauszureden. 1986, inzwischen die Mutter eines zwei- und eines dreijährigen Kindes, verzweifelte sie dermaßen am perfektionistischen Ton gewisser Bücher über Kinderpflege und -erziehung, daß sie ihr populäres Werk *Die Kunst, (k)eine perfekte Mutter zu sein* verfaßte. 1988 segelte sie mit ihrem Mann Paul Heiney und den mittlerweile drei- und fünfjährigen Kindern in einem kleinen Boot 1700 Meilen um Großbritannien herum. Die Geschichte dieser Reise veröffentlichte sie 1990. Im gleichen Jahr folgte der zweite Teil von *Die Kunst, (k)eine perfekte Mutter zu sein,* der sich auf drei- bis achtjährige Kinder bezieht.

Sie lebt mit ihrem Mann und den Kindern (jetzt neun und elf Jahre alt) auf einer kleinen Farm in Suffolk und fährt einmal pro Woche nach London, um eine Sendung auf Radio 4 zu moderieren. Außerdem schreibt sie für die *Times* sowie andere Zeitungen und Zeitschriften.

Libby Purves

Die Kunst, (k)eine perfekte Familie zu sein

Aus dem dem Englischen von
Eva Malsch

Kabel

Titel der englischen Originalausgabe:
HOW *NOT* TO BE A PERFECT FAMILY
Harper Collins *Publishers*, London

Aus dem Englischen übersetzt von Eva Malsch

Umschlag: Theodor Bayer-Eynck
Titelillustration: Silvia Christoph
Satz aus der Garamond (Linotronic 500)
Papier: Fortuna Werkdruckpapier »Pegasus« chlorfrei, säurefrei
Steinbeis Temming Papier GmbH & Co., Glückstadt
Gesamtherstellung: Clausen & Bosse, Leck
ISBN 3-8225-0292-8

1 3 5 7 9 10 8 6 4 2

Inhalt

Für Nicholas und Rose,
die das alles ausgehalten haben.

Vorwort und Vorwarnung

Dies ist ein sehr anmaßendes Buch, und da ich eine gesunde Abneigung gegen alles hege, was nach Selbsthilfe-Buch aussieht, hätte ich's niemals geschrieben, wäre ich nicht von willensstarken Überredungskünstlern – in geballter Formation oder als Einzelkämpfer – dazu gedrängt worden. Ich würde nicht wagen, persönliche Ansichten über das Familienleben zu äußern, hätten mich im letzten Jahrzehnt nicht zahlreiche Zeitungen und Zeitschriften inständig (und manchmal gebieterisch) darum angefleht. Und so danke ich ihnen – insbesondere der *Times*, *She* und *Good Housekeeping* – für die stets anregenden Diskussionen, auf denen Teile dieses Werks basieren. Ebenso dankbar bin ich meiner Agentin Lisa Eveleigh und meiner Verlegerin Lucinda McNeile für die beharrliche Forderung, ich solle das Buch schreiben.

Natürlich dürfen sie alle nicht für den Inhalt der folgenden Seiten verantwortlich gemacht werden. Der ist in vielerlei Hinsicht äußerst sprunghaft. Ich hab's gründlich satt, Psychogefasel und sorgenvolle Abhandlungen über die Elternpflicht zu lesen, wie sie fast täglich auf dem Schreibtisch einer freiberuflich tätigen Journalistin landen. Und so ist es mir – nur aus der Reaktion auf dieses Geschreibsel heraus – manchmal gelungen, in zwei knappen Absätzen ein Thema zu behandeln, das ganze Regale in öffentlichen Bibliotheken füllt. Das ist meine eigene Entscheidung. Andererseits glaube ich, daß ich gelegentlich der Versuchung erlegen bin, geradezu hemmungslos in autobiographischen Szenen und Klatschgeschichten über andere Familien zu schwelgen – oder seitenlang in Trivialitäten, die meine Aufmerksamkeit über Wochen hinweg gefesselt haben müssen.

Aber so ist das Familienleben nun mal – unausgeglichen, unberechenbar, und man navigiert ins Blaue, ohne Instrumente und Landkarten. Die Familie ist ein seltsam gebautes, eigenwilliges Schiff. Wenn man das Ruder in die eine Richtung dreht, könnte dieses Schiff die andere einschlagen. Mühelos segelt es durch Krisen und einen drohenden Bankrott, um dann wegen Verdauungsstörungen oder einem widerwärtigen Freund der Tochter auf steinigen Grund zu laufen.

Etwas möchte ich noch betonen – es gibt keine zwei Familien, die einander gleichen, höchstens in ganz wenigen Belangen. Ratschläge oder Anekdoten, die bei einer Familie den Nagel auf den Kopf treffen, können einer anderen frivol oder verwirrend vorkommen. Wenn man's recht bedenkt, wäre es also eine Beleidigung des Themas gewesen, ein sorgfältig aufgebautes Sachbuch darüber zu schreiben. Zumindest rede ich mir das ein.

Wenn Sie mir widersprechen wollen, tun Sie sich keinen Zwang an. Und lachen Sie, auch über die Passagen, die ich gar nicht komisch gemeint habe.

1. Wer braucht überhaupt eine Familie?

O Gott, o Gott, warum schreibe ich über das Familienleben? Genauer gesagt, warum versuche ich zu erklären, wie man es führen sollte, und irgendwelche nützlichen Tips zu geben?

In diesem Jahrhundert hat sich das ganze Thema zu einer Schlangengrube entwickelt, einem zischenden Durcheinander aus Meinungen und Bigotterie und Sentimentalität. Es gab Zeiten, wo jeder mehr oder weniger wußte, was eine Familie ist, und nur Dinge darüber sagte, die man aufs Mustertuch sticken konnte: *Blut ist dicker als Wasser* oder *Der beste Freund eines Jungen ist seine Mutter* oder – besonders schlimm – *Eine gute Kinderstube macht sich immer bemerkbar.* Dann wurden andere Ansichten verfochten, etwa Philip Larkins Diktum: *Sie versauen dich, deine Mum und dein Dad; sie meinen's nicht so, aber sie tun's. Alle ihre Fehler geben sie an dich weiter, und sie fügen noch ein paar dazu, die dir allein gehören.* Freud war auch keine große Hilfe mit seiner düsteren Theorie, wie einfach es sei, die Seele eines kleinen Kindes fürs ganze Leben zu schädigen. Die Hippies in den sechziger Jahren benebelten uns mit der vagen Idee, die ganze Menschheit sei unsere Familie – möglicherweise mit Ausnahme unserer eigenen, die kein bißchen cool war, uns schwere Schuldgefühle suggerierte und uns alles vermasseln wollte, was mit Drogen und Gruppensex zusammenhing. Schließlich fanden die Politiker in der Familie einen wundervollen Sündenbock für alles, was sie nicht mittels Öffentlichkeitsarbeit kurieren konnten oder wollten.

Eitle Pfauen schwatzten über Familienwerte, nämlich jene Politiker, die ihre Vormittage in den Korridoren verbrachten, um zu intrigieren, und die Nachmittage mit ihren Sekretärinnen im Bett und niemals in die Nähe eines Kindes gerieten. (Im britischen Unterhaus gab es einmal einen ständigen Familienausschuß, der um siebzehn Uhr dreißig zusammenzutreten pflegte, also – wie die Abgeordnete Harriet Harman bissig betonte – genau zu der Zeit, wo jeder, der mit einer richtigen Familie zu tun hat, das Abendessen vorbereiten, Kinder baden oder Hausaufgaben überprüfen muß.)

Und so haben wir einen Punkt erreicht, wo jedem, der etwas zu diesem Thema sagt, ein halbes Dutzend rivalisierender Experten an die Kehle springt. *Mit dem Familienleben geht's bergab! O nein, es verändert sich nur! Ich mache die selbstsüchtigen Eltern verantwortlich! Ich gebe der Gesellschaft die Schuld! Was wissen denn die Kinder heutzutage! Alle sind schrecklich verwöhnt! Man sollte Ehescheidungen verbieten! Nein, man sollte sie vereinfachen! Kinderarmut ist ein Skandal in einer Überflußgesellschaft / einzig und allein die Schuld der Eltern / maßlos übertrieben / eine verborgene Geißel…* Warum eine vernünftige Frau ihren Kopf über die Brustwehr hebt und sich in diesen Streit einmischt, ist ein Rätsel – sogar mir.

Aber die Familie gilt als Eckpfeiler des Lebens. Es ist sinnlos, die Augen davor zu verschließen oder Theorien über einen utopischen Kibbuz oder eine freie Gesellschaft aufzustellen, wo die Kinder von der ganzen Gemeinde betreut werden: Die Tatsache bleibt bestehen – wenn's drauf ankommt, braucht jeder eine Mutter oder einen Vater. Oder einen Sohn oder eine Tochter; oder eine Schwester, einen Bruder, einen Vetter, einen Onkel, eine Großmutter. Jemanden vom eigenen Fleisch und Blut, mit dem man durch frühe Erinnerungen verbunden ist, durch gewohnheitsmäßige Zuneigung, selbst wenn sie nur widerwillig und mangelhaft aufrechterhalten wird. Wie Robert Frost sagte: »Zuhause ist der Ort, wo sie dich, auch wenn du nur gezwungenermaßen hingehst, aufnehmen müssen.« Familienmitglieder sind Menschen, die sich um einen sorgen müssen, wenn's kein anderer tut.

Und sie tun's wirklich. Sogar die saumäßigsten Familien haben ihre Vorzüge; und die meisten Familien sind gar nicht saumäßig, sondern verhalten sich manchmal geradezu heroisch. Unglaubliche Bürden lasten auf den Schultern zahlloser Eltern, erwachsener Kinder von alten, hilflosen Leuten, aufopferungsvoller im verborgenen tätiger Verwandter, die schwache Mitglieder der Gesellschaft vor dem endgültigen Untergang bewahren. Daß wir über den Zusammenbruch der Familie schockiert sind – und ihn so lautstark publizieren –, beweist nur, welche Kraft immer noch in dieser Institution steckt und wieviel wir von ihr erwarten.

Aber wir können die Familie nicht aus einem eindeutigen Blickwinkel betrachten. Die Situation wurde durch die übertriebene öffentliche Diskussion immer verworrener. In ganz Europa, besonders in Großbritannien, beklagten schrille politische Stimmen während der achtziger und zu Beginn der neunziger Jahre den Verfall der traditionellen Familie. Man jammerte über Scheidungen und wilde Ehen, bezeichnete alle unverheirateten Paare als verantwortungslose Hippies und alle Geschiedenen als niederträchtig und egoistisch. Dauernd beschwor man die nebulösen, niemals präzise definierten Familienwerte herauf und gab der Auflösung des althergebrachten Familienlebens an allem die Schuld, von der Gewalttätigkeit in Fußballstadien bis zum Kindesmißbrauch. Man behauptete, die bürgerliche Familie sei der wichtigste Stützpunkt der westlichen Zivilisation und wir würden ihre bedeutsame Rolle auf unsere eigene Gefahr ignorieren. Und man rang die Hände angesichts moderner Gewohnheiten wie Fernsehen und »zwischen Tür und Angel essen« statt richtiger Mahlzeiten im Familienkreis. Alljährlich beweinte man die neuen Statistiken, die zeigten, daß nur einer von vier Haushalten aus Eltern und abhängigen Kindern besteht und daß einer von diesen vier Familien die Scheidung droht. Man prophezeite den allgemeinen Zusammenbruch der Gesellschaft ohne Aussicht auf Rettung. (Was sollte man schon tun? Gesetze erlassen, die geschiedene Paare zur Wiederverheiratung und Familien zum gemeinsamen Sonntagsessen zwingen?)

Aber diese Weltuntergangspropheten erklärten nur unzulänglich, *welche* Familienwerte sie bewahren wollten. Sie sprachen von Autorität und vergaßen die bedrückenden Zeiten, wo »Mutter alles am besten wußte«, die Warnung: »Wartet nur, bis Vater nach Hause kommt!« Und sie priesen das idyllische, symmetrische, konventionelle Heim, wo den Kindern mit liebevoller Strenge eine solide Lebensgrundlage geschaffen wird; doch sie vergaßen die Tyrannei und die Einschränkungen, die einen Großteil des traditionellen Familienlebens ausmachten, vor denen viele kreative oder unternehmungslustige Kinder flohen, um zu überleben. Sie ignorierten liebevolle Wohngemeinschaften, die nicht in die Norm der verheirateten Eltern mit ehelichen Kindern paßten, zeigten statt dessen mit Fingern auf die armen, verzweifelten, gefährlich ungebildeten und seelisch gestörten Leute, deren Kinder tatsächlich oft in großer Gefahr schwebten.

Diese enthusiastischen Verfechter der traditionellen Familie wiesen auf »normale« (i. e. symmetrische und nukleare), glückliche, hübsche, wohlhabende Familien hin und verherrlichten sie in unzähligen süßlichen Zeitschriftenartikeln, wobei sie den Anschein erweckten, das System von Mutter, Vater und zwei Kindern wäre eine Art Glücksgarantie; doch sie nahmen kaum Notiz von den Familien, die trotz ihres Trauscheins und ihres scheinbar konventionellen Verhaltens genauso gräßlich waren wie das Schreckgespenst der Traditionsverfechter – der eindeutig unkonventionelle Mia-Farrow-Woody-Allen-Haushaltstyp. Zu viele Kritiker mißachten die Tatsache, daß sich konventionelle Familien gemein und bösartig verhalten, ihre Kinder einengen und mißhandeln, zur Drogensucht oder Kriminalität treiben können. Als die Mothers' Union, eine Bastion konventioneller Lebensführung und christlicher Werte in Großbritannien, 1993 öffentlich am Glück der kleinen, in sich geschlossenen Familie zweifelte und fragte, ob es nicht besser wäre, Großfamilien anzustreben, wurde die Organisation als »trendy« und »schändlich« beschimpft. Nur wenige Kommentatoren wagten ins gleiche Horn zu stoßen.

Das ist bedauerlich, denn die Anhänger der Kleinfamilie bringen viele stichhaltige Argumente vor, während zahlreiche ihrer trendbewußten Hippie-Gegner, die allein schon die Idee der Familie ablehnen, völlig übersehen, worauf es ankommt, und das Kind mit dem Bade ausschütten. Die Wahrheit liegt irgendwo dazwischen. Zum Beispiel stimmt es, daß man keinen goldenen Ehering braucht, um den Sprößlingen Sicherheit zu bieten, aber es trifft gleichermaßen zu, daß eine Prozession ständig wechselnder »Stiefväter« mehr Schaden als Nutzen bringt. »Freie Liebe«, von »Freigeistern« befürwortet, ist eine gräßliche Umgebung für heranwachsende Kinder.

Gewisse sozialpolitische Maßnahmen bedrohen tatsächlich die traditionelle Familie, wenn sie auch nur selten darauf abzielen, und oft werden sie von höchst traditionsbewußten Regierungen ergriffen. Die Thatcher-Regierung sprach ständig und ziemlich autoritär von Familienwerten; aber viele ihrer politischen Entscheidungen schwächten die Familienbudgets geradezu katastrophal. Zum Beispiel war es in Großbritannien für junge berufstätige Paare eine Zeitlang aus steuerlichen Gründen vernünftiger und rentabler, in wilder Ehe zusammenzuleben, als zu heiraten. Keine einzige britische Regierung verhalf arbeitenden Müttern zu Steuerermäßigungen (obwohl bei Gericht tätige Anwälte ihre schwarzen Hosen von der Steuer absetzen können!). In ganz Europa machen der Wohnungsbau und die städtische Verkehrsplanung – schon seit den fünfziger Jahren – den Elternteilen, die daheim bleiben und die Kinder großziehen, das Leben so schwer wie nur möglich. Die Straßen, wo die Kinder früher spielten, die gefahrlosen Parks, die Gemeindeeinrichtungen wurden zusehends vernachlässigt. Und wo das Gemeindeleben zusammenbricht, brechen auch die Familien zusammen: Denn in einer wohlausgewogenen Gesellschaft unterstützt und verbessert die Gemeinde das Familienleben. Der Spielplatz, die Stadthalle, das Gasthaus, das Krankenhaus mit freundlichem Personal, der sichere Park – das alles ist für ein glückliches Familienleben ebenso wichtig wie der eigene Herd.

Nun, wir haben das Gemeindeleben verkommen lassen, und nun setzt sich, so wie in Amerika, das gräßliche Konzept des »Kokons« immer mehr durch. Die Kleinfamilie verschanzt sich in ihrem spießigen kleinen Bunker, von einer Alarmanlage geschützt, sieht Videos und verweigert den Kontakt mit der Außenwelt – vor allem mit den ekligen, rüpelhaften Kindern anderer Leute und potentiell gefährlichen Teenagern. Der Kokon, der kalte, brutale Feind des Gemeinschaftslebens, ist der schlimmste Start, den man einem Kind bieten kann; aber wann immer etwas Schreckliches geschieht – wie der Mord an dem kleinen Jamie Bulger in Liverpool, begangen von zwei zehnjährigen Jungen –, spürt man, wie die ganze Nation ihre Kinder näher an die Rockschöße heranzieht und der Gesellschaft die Tür vor der Nase zuschlägt.

Irgendwo inmitten all dieser öffentlichen Hysterie versuchen die gewöhnlichen Familien – keine Extremisten, keine Kokon-Befürworter, nicht sonderlich interessiert an abstrakten moralischen Fragen oder einer utopischen Sozialpolitik –, sich irgendwie durchzuwursteln. Die Eltern kommen mehr oder weniger zurecht, auch wenn sie jahrelang keinen Schlaf finden, und führen den Haushalt, indem sie sich an allgemeinen Prinzipien des Anstands und der Fairneß orientieren, an halbvergessenen Maximen der eigenen Eltern, die in einem anderen Zeitalter gelebt haben. Dabei hilft man ihnen kaum. Die wirtschaftliche Situation verlangt von vielen Müttern, gegen ihren Willen ganztags zu arbeiten; und die Werbung in der TV-Phantasiewelt gaukelt uns ständig den perfekten Alltag vor, während wir zu müde und zu demoralisiert sind, um auch nur den schmutzigen Kinderpullover wegzuräumen, dessen Ärmel vor dem Bildschirm hängt. Die Politiker erinnern uns (vor allem die Mütter) ständig an unsere Pflichten, während sich die Politik, die berufstätige Mütter, Steuergesetze, Kinderbetreuung und Schulwesen betrifft, alle paar Jahre auf verwirrende Weise ändert, nur um die Ziellinie in Bewegung zu halten.

Auch die wachsenden Bemühungen um das Verständnis der eigenen Person und die zunehmenden psychotherapeutischen Klimmzüge – die eigentlich hilfreich sein müßten – waren nicht immer nützlich. Die Psychologen erzählen uns so schlimme Dinge über die schädlichen Auswirkungen einer »funktionsgestörten« Familie, daß wir sehr leicht in lähmender Unentschlossenheit versinken, sogar dann, wenn ganz einfache familiäre Entscheidungen getroffen werden sollen. Als ich von der Zeitung interviewt wurde, bombadierte man mich mit Fällen aus Psychiaterpraxen. Ich hörte Geschichten über Frauen, die katastrophale Affären hatten, weil ihre Väter zu besitzergreifend gewesen waren, über Teenager mit Eßstörungen, von lieblosen Vätern verursacht, über Männer, deren Impotenz von berufstätigen Müttern hervorgerufen wurde. Igitt! Ich wagte kaum, nach Hause zu gehen und die Fischstäbchen unter den Grill zu schieben, aus lauter Angst vor dem Leid, das ich meinen Kindern womöglich antun würde.

Von alldem handelt dieses Buch nicht. Es enthält nur wenige Theorien, nur wenige Rezepte. Vielmehr ist es der Lobgesang einer Nicht-Perfektionistin auf die große Kunst des Durchwurstelns, die Bedeutung des gesunden Menschenverstands und das Talent, hauptsächlich das zu sehen, was man direkt vor der Nase hat. Der gesunde Menschenverstand ist nicht ausschließlich mein eigenes Verdienst, denn im Lauf der Jahre war ich genauso anfällig für dumme Vorurteile wie sonst jemand. Einige meiner Äußerungen werden vielen Lesern so vorkommen wie Basil Fawltys »Betrachtungen des verdammt noch mal Offensichtlichen«; aber alle Wegweiser gehören zu der Sorte, die ich in tränenreichen Momenten – von Zweifeln, Wut, Groll und asiatischer Grippe heimgesucht – oft selber aus den Augen verloren habe. Alles ist erprobt und getestet, wenn in einigen Fällen auch nur versehentlich, und letzten Endes erteile ich ganz einfache Ratschläge, die eigentlich auf der Hand liegen: Seien Sie freundlich, fair und versöhnlich, nicht nur anderen, sondern auch sich selbst gegenüber.

Und während wir uns so durchwursteln, sollten wir eine tiefe, unausweichliche Wahrheit erkennen: Wie alle gesellschaftlichen Institutionen muß sich die Familie immer wieder erneuern und neu definieren. Sonst ist sie nur ein altgewohntes Fossil, bedeutungslos wie das Salz, daß man sich über die Schulter wirft, um den Teufel zu bannen. Wenn wir also mit einer Scheidung konfrontiert werden, mit Trauerfällen, Traumata, Bankrott, Krankheiten, Verwirrungen und anderen Störungen, müssen wir uns alle auf die Realität der eignen Familie konzentrieren. Seien Sie frei, seien Sie erfinderisch, folgen Sie ihren besten Instinkten; stellen Sie Güte über Fairneß und Fairneß über Zweckmäßigkeit; und wenn die Nachbarn das Resultat dieses Bemühens seltsam finden, dann zur Hölle mit ihnen! Es gibt keine zwei Familien, die einander völlig gleichen, und es ist sinnlos, nebenan nach beispielhaften Verhaltensmustern zu suchen, in einer TV-Serie oder – Gott bewahre – im Werbefernsehen. Kümmern Sie sich nur um Ihre eigene Familie. Ein Großteil dieses Buchs befaßt sich mit der mehr oder weniger konventionellen Familie (zwei Erwachsene unterschiedlichen Geschlechts und abhängige Kinder). Aber eine bemerkenswerte Anzahl der erwähnten Grundsätze gilt auch für andere Familienformen. Denn jede Familie, auch die vaterlose und mutterlose und jene mit gleichgeschlechtlichen Elternteilen, ist ein wundervoller Organismus mit ureigensten Rechten.

So muß es auch sein. Ob warm und sicher oder kalt und mangelhaft – die Familie ist das einzige Nest Ihrer Jungvögel. Darin zwitschern sie behaglich und wachsen heran. Und auch Sie wachsen. Allmählich entwickeln sich die Jungvögel zu Teenagern und schauen über den Nestrand hinaus. Sie breiten die Flügel aus, kämpfen sich frei, und wenn sie

Glück haben, beginnen sie zu fliegen. Das große Verdienst einer guten Familie liegt darin, daß sie ein Kind befähigt, selbstbewußt, allein und ungehindert davonzufliegen – imstande, eine andere Familie zu gründen, Glück und Stärke über Generationen hinweg weiterzugeben.

2. Wie eine Familie entsteht

»Aaaah!« seufzen die alten Damen, beugen sich in der Entbindungsstation über die junge Mutter und blasen ihr die Sherry-Fahnen von der Feier des großen Ereignisses ins Gesicht: »Jetzt seid ihr eine nette kleine Familie.« Das verwirrt viele Paare, und sie fühlen sich etwas seltsam, so als wäre das wimmernde Baby im winzigen Bettchen das einzige, was ihnen einen festen Platz in der Gesellschaft sichert. Es kommt ihnen vor wie ein verschrumpelter, quietschender Identitätsausweis. Eine Eintrittskarte in den Vergnügungspark namens Familienland. Noch seltsamer ist die Vorstellung, daß man jetzt kein Paar mehr ist, sondern »eine Familie« – und daß man nie wieder nur ein Paar sein wird.

Natürlich passiert nicht alles auf einmal. Eine Familie, die von einem Augenblick auf den anderen entsteht, gibt es nicht (was Ihnen viele Stiefeltern mit Leidensmienen bestätigen werden). Warum sollte es das auch geben? Über Nacht kann man weder einen Garten gestalten noch eine Farm gründen, und eine Familie ist genauso komplex und organisch und anfällig.

In der westlichen Welt des zwanzigsten Jahrhunderts verläuft die Verwandlung des Singles in einen Familienmenschen oft ganz allmählich. Statt eines abrupten Schritts wurde in unserer Zeit, wo so viele unverheiratete Paare zusammenleben, ein seltsam sanfter Übergang vom ledigen Stand zur Ehe geschaffen. Man erwartet von niemandem, daß er gleichzeitig mit seinem ersten eigenen Haus, dem ersten Sex, den ersten Erfahrungen des Zusammenlebens mit einer Person, die nicht zum Verwandtenkreis zählt, und mit der ersten Schwangerschaft fertig wird. Nur Gott weiß, wie die Leute das früher erlebt haben. Heutzutage kann man sich in Ruhe an alles gewöhnen, an eins nach dem anderen: Man geht miteinander aus, dann bleibt man gemeinsam zu Hause, einer kocht für den anderen; schließlich zieht man zusammen, um das Busgeld zu sparen. Wenn alles klappt, heiratet man vielleicht. Und falls man nicht verrückt nach einem Baby ist, lebt man im großen und ganzen so wie bisher. Ein Paar, keine Familie – liebevolle Wohngefährten, eng verbunden, aber jeder mit seinem eigenen Job, eigenen Freunden und eigenen Interessen.

Natürlich stammt jeder aus einer Familie, doch die bleibt erst mal im Hintergrund, und das ist gut. Ehemänner und Ehefrauen, die dauernd heim zu Mutter laufen, um endlich wieder was Anständiges zu essen und Trost zu finden, konzentrieren sich nicht auf das Wesentliche. Ein neues Paar muß wie Adam und Eva seine Welt aufbauen. Das ist die einzige vernünftige Vorbereitung auf die Verantwortung der Elternschaft. Kluge Eltern eines jungen Paares wahren erst mal Distanz, bieten nur Hilfe an, wenn sie gebraucht wird, und lassen ihre natürlichen Gluckengefühle allmählich abkühlen. Ihre Zeit wird wieder kommen. Wenn sie Großeltern werden.

Wenn das Familienbewußtsein in der Zweisamkeit auch ein wenig ins Hintertreffen gerät, so kehrt es in neuer, verwirrender, beglückender und beängstigender Form zurück, sobald das erste Baby auf die Welt kommt. Ich habe genug über die verrückten Schwierigkeiten dieser ungeheuren, überwältigenden Veränderung geschrieben (*Die Kunst, (k)eine perfekte Mutter zu sein*). Aber was ich damals noch nicht so klar erkannte wie jetzt, acht Jahre später – bei der Ankunft des ersten Babys kann man kaum abschätzen, was einen erwartet, wenn das Familienleben so richtig beginnt. Falls die Mutter nach dem Babyurlaub wieder arbeitet, werden die Gewohnheiten des kinderlosen Paares wahrscheinlich wieder aufleben, nur daß jetzt ein täglich wiederkehrendes Hindernisrennen dazugekommen ist. Das Baby entwickelt sich zu einem weiteren Organisationsproblem im stressigen modernen Leben. »Wenn du um zehn eine Besprechung hast, kannst du James vorher zur Tagesmutter bringen und die Sachen aus der Reinigung holen. Dann kann ich meinen Termin einhalten und nachher noch Windeln und fürs Abendessen einkaufen. Übrigens brauche ich den Wagen, weil ich zwischendurch zum Zahnarzt muß ...«

Solche Widrigkeiten strapazieren die Nerven der Eltern – besonders, wenn die Mutter in einem Büro arbeitet, wo alle frisch und fröhlich vorgeben, durch ein Kind würde sich nichts ändern; aber das neue Baby weiß es nicht besser, und solange es von irgendwem warmgehalten und gefüttert wird und viele Streicheleinheiten bekommt, findet es sich im allgemeinen mit der Situation ab und gedeiht prächtig.

Und wird größer. Und entwickelt ausgeprägte, energisch verfochtene Ansichten über Betreuer, Eltern, Mahlzeiten und Schlafgewohnheiten. Wenn ein Baby zwei Jahre alt ist, läßt sich nicht mehr dran rütteln – die Zweisamkeit hat sich in eine Dreiecksbeziehung verwandelt, in eine Familie. Zwei starke Erwachsene, die ein schwaches, hilfloses Wesen beschützt und autoritäre Entscheidungen über alle Aspekte seines Alltags gefällt haben, müssen sich jetzt mit einer dritten Willenskraft auseinandersetzen. Und alle drei versuchen, im selben Bereich zu leben. Der Autor Fraser Harrison beschreibt diesen Zustand sehr treffend: Man habe das Gefühl, die ganze Familie sei im selben winzigen Anzug eingenäht, und jeder würde strampeln, um Platz zu finden oder wenigstens ein Ärmelloch.

Es ist nicht ungewöhnlich, daß ein Zweijähriger die stärkste Persönlichkeit im Haushalt besitzt und daß die Eltern verzweifelt um ihr eigenes Überleben kämpfen. Väter und Mütter von Kleinkindern sollten sich mal einen ruhigen Abend gönnen und den Disney-Hit ›Liebling, jetzt haben wir ein Riesenbaby‹ ansehen. Ich war fasziniert von dieser Science-Fiction-Komödie, wo ein Baby über zwei Meter groß wurde, durchs Haus trampelte, Türen herausriß und ein gewaltiges Chaos anrichtete. So surreal das auch anmutet, es birgt eine grausige Wahrheit: Es gibt Momente, wo die Anwesenheit eines Kleinkindes das allergrößte Problem im Haus ist und wo alles von seinen Launen abhängt. Während das Filmbaby wie ein kapriziöser King Kong in Los Angeles herumstapfte, grübelte ich nach, und am Ende nickte ich weise und tief bewegt. Mommy mußte nämlich noch größer werden als ihr Kind, um die Ordnung wiederherzustellen und für Frieden zu sorgen. »Gee«, sagte ich im Disney-Stil, »das stimmt. Eine Mommy muß in jeder Hinsicht größer sein als ihr Kind.«

Wenn ein Elternteil immer daheim ist, entsteht die Dreiecksbeziehung etwas schneller, aber unausgeglichener, denn meistens schreit die Mutter dem Vater, der unbekümmert nach Hause kommt, ein paar grundsätzliche Wahrheiten ins Gesicht. »Es ist mir egal, wie's in deinem Büro war! Ich konnte nicht mal in die Zeitung schauen. Weißt du eigentlich, wieviel Arbeit ein Baby macht?« So oder so, mit der Zeit entwickelt sich eine Familie. Wenn dem ersten Kind noch weitere folgen, wird die Mischung reichhaltiger und komplizierter, die Kämpfe und Kompromisse gestalten sich vielfältiger und raffinierter. Eine Familie wächst zusammen, zu einem Team. Mit individuellen Blockbildungen kann man nicht viel anfangen. Alle müssen sich irgendwie einander anpassen, in einer lebensfähigen Struktur – der Egoist, das Nervenbündel, der Märtyrer, der Jähzornige.

Die Familie entwickelt sich zu einem Organismus, so daß es unmöglich wird, sich ein Leben außerhalb dieses Kreises vorzustellen. Eines Tages blättern die Eltern in alten Tagebüchern und Fotoalben: »Du lieber Himmel! Da gab's wirklich mal eine Zeit, wo wir nichts anderes tun mußten, als unseren Lebensunterhalt zu verdienen und uns zu amüsieren. Was haben wir bloß den ganzen Tag gemacht?« Im Zwang des neuen Jobs, des Familienjobs, können sie sich kaum vorstellen, wie einfach alles mal war.

Also lassen Sie die Familie allmählich zusammenwachsen, in ihrem eigenen Tempo. Beobachten Sie keine anderen Familien, sagen Sie nicht: »Oh, wie glücklich die sind! Wieviel sie gemeinsam unternehmen! Wie gut alles klappt, und was für ein harmonisches Leben sie führen!« Wahrscheinlich stimmt das gar nicht mehr, sobald die Haustür zugefallen ist. Betrachten Sie statt dessen, was Sie persönlich betrifft – die Gemütsverfassung und das Glück Ihrer eigenen Kinder.

Und noch etwas. Das Herzstück einer Familie ist die Ehe. *Un homme et une femme*. Das vergißt man erstaunlich oft im allgemeinen Chaos des Familienlebens, der Familienstreitigkeiten, der Mahlzeiten und Schulprobleme, der verzweifelten morgendlichen Suche nach verschwundenen Hausarbeiten, Konfrontationen mit mürrischen Teenagern und schlaflosen Nächten mit kranken Babys. Daß die körperliche Leidenschaft für eine Weile abflaut, ist verständlich (verdammt, gibt es ein besseres Verhütungsmittel als ein Neugeborenes?), aber mit etwas Glück und Humor werden die Gefühle zurückkehren. Denn wenn in einer Partnerschaft die Liebe und Anziehungskraft erlöschen, wenn gemeinsame Vergnügungen und wechselseitige Wertschätzung keine Rolle mehr spielen, führt das zur Entfremdung, zur Trennung und Scheidung.

Und – ich will da kein Blatt vor den Mund nehmen – zum Unglück der Kinder. In den sechziger und siebziger Jahren was es in Mode, so zu tun, als würden die Kinder überhaupt nicht unter einer Scheidung leiden und die Eltern liebend gern glücklich und »erfüllt« sehen. Eine jüngere und ehrlichere Untersuchung hat bestätigt, was die meisten von uns ohnehin wissen, ganz instinktiv: Außer Gewalttätigkeit sehen Kinder fast alles lieber als den Zusammenbruch ihrer vertrauten Familie. Sie wollen ihre Loyalität nicht teilen, sie hassen die Künstlichkeit von Besuchsrechten und machen sich insgeheim selber für alles verantwortlich. Kindern ist die »emotionale Erfüllung« der Eltern verdammt egal, ebenso wie die berufliche. (Wann hörten Sie zuletzt ein Kind sagen: »O Mann, es war mein schönstes Weihnachtsgeschenk, als Mummy zur Marketing-Direktorin befördert wurde. Ihre Karriere ist mir wichtig«, oder: »Ich bin so froh, daß Daddy endlich eine Frau gefunden hat, die ihn versteht!«?) Das ist auch ganz verständlich. Kinder haben nicht darum gebeten, das Licht der Welt erblicken zu dürfen, und sich uns nicht aufgedrängt. Sie wurden sozusagen von uns eingeladen. Deshalb schulden wir ihnen ein bißchen Höflichkeit und sollten uns um ein sicheres Heim sowie die Anwesenheit beider Eltern bemühen.

Wenn sich die Scheidung nicht mehr vermeiden läßt, sind Vater und Mutter zweifellos verpflichtet, in den sauren Apfel zu beißen, ihren Stolz runterzuschlucken, sich fair zu verhalten und Rücksicht auf die Gefühle ihrer Kinder zu nehmen. Einmal fuhr ich einen kleinen Jungen nach Hause zu seiner Mutter, nachdem er ein Wochenende beim Vater und dessen neuer Freundin verbracht hatte. Im Auto sagte er: »Schade, daß ich soviel Spaß im Swimmingpool hatte...« Warum? »Mummy fragt mich immer, ob's nett war bei Daddy und Wendy. Wenn ich ja sage, weint sie und glaubt, ich mag ihn lieber als sie. Und wenn ich lüge und sage, es war nicht lustig, fühle ich mich mies, weil ich unfair zu ihm bin.« Wie ich betonen muß, hatte Dad die Mutter des Kindes ziemlich schäbig behandelt, aber das gab ihr noch lange nicht das Recht, den Jungen in ihr Unglück einzubeziehen. Das gehörte zu *ihrem* Leben und war nicht übertragbar. Ich hätte sie erwürgen können. Als sie uns die Tür öffnete und ihren Sohn umarmte, fragte sie: »War's nett?«

»Ja, schon«, antwortete er und warf mir einen schuldbewußten Blick zu. Schrecklich.

Die meisten Eltern benehmen sich besser. Manche üben sogar exemplarische Zurückhaltung und sind richtig menschenfreundlich. Das erfordert zwangsläufig ein gewisses Maß an persönlicher Erniedrigung, zumindest einer der beiden Teile empfindet die Situation oft als himmelschreiende Ungerechtigkeit. »Er ist mit seiner Freundin auf und davon, und am Wochenende verwöhnt er die Kinder, während ich mich an den Schultagen mit ihnen rumplagen muß und wenn sie krank sind...« Oder... »Sie hat das Haus, die Kinder, ihren Freund, und ich muß in einem winzigen möblierten Zimmer wohnen, damit ich den Unterhalt zahlen kann...«

Letzten Endes werden alle glücklicher sein, wenn sie sich anständig aufführen. Und irgendwann wird einem sogar Gerechtigkeit widerfahren. Kinder sind nicht dumm. Wenn sie älter werden, merken sie, welcher Elternteil sich gut benommen hat, und einsehen, was ihn das gekostet haben muß.

Aber denken Sie vorerst nicht an Scheidung. Eine Ehe kann ganz gut in Schuß gehalten werden. Und sobald Kinder da sind, sollte man sich ernsthaft darum bemühen.

3. *Un homme et une femme* Wie man eine Ehe pflegt

1837 stellte der achtundzwanzigjährige Charles Darwin eine Liste der Vor- und Nachteile zusammen, die eine Ehe mit sich bringt. Die Pluspunkte: »Kinder – (wenn es Gott gefällt) – ständige Gesellschaft, (Freund im Alter), der sich für einen interessiert, ein Objekt, das man lieben und mit dem man spielen kann – jedenfalls besser als ein Hund – ein Heim und jemand, der das Haus versorgt – die Annehmlichkeiten von Musik und weiblichem Geplauder. Diese Dinge, gut für die Gesundheit. Zwang, Verwandte zu besuchen und zu empfangen, aber schrecklicher Zeitverlust...«

Damit war er auch schon bei den Nachteilen angelangt und ging zu den Vorzügen des Junggesellenstandes über: »Kein Zwang zu Verwandtenbesuchen und zum Nachgeben in jeder Kleinigkeit – die Kosten und Sorgen, die Kinder bedeuten, fallen weg – vielleicht Streitigkeiten... weniger Geld für Bücher usw.« Immerhin schreckte er vor der brutalen Offenheit einer meiner Verwandten zurück, der die Ehe folgendermaßen verwarf: »Tagsüber harte Worte, nachts schlechte Gerüche.«

Vielleicht verschlägt uns das die Sprache, aber es ist gar nicht so schlecht, wenn man sich ehrliche Fragen stellt, bevor man heiratet. Vor allem junge Frauen verschließen oft die Augen vor den Realitäten einer Ehe und weigern sich, das gnadenlos tägliche Beisammensein vorauszusehen, die Haare im Waschbecken, die wahre Bedeutung der Worte »in guten und in bösen Tagen«. Mit weißen Tüllwolken und Rosenblüten verschleiern sie Fragen wie: »Braucht er nur jemanden, der für ihn sorgt? Jemanden, der ›besser als ein Hund‹ und ›gut für die Gesundheit‹ ist?«

Der amerikanische Gedanke eines vorehelichen Vertrags, der alles von den Finanzen bis zur Nachkommenschaft regelt, ist sicher etwas übertrieben. Andererseits diskutieren erstaunlich viele verlobte Paare nie über die Möglichkeit, eines Tages Kinder zu bekommen, geschweige denn über die Frage, wer sie betreuen soll. Und was das Problem betrifft, wer in eine weit entfernte Gegend übersiedeln soll, um dem anderen zu folgen und dessen Karriere zu dienen – ich kenne nur ein einziges Paar, das vor der Ehe darüber sprach. Zwei Jahre danach waren die beiden geschieden.

Aber Darwins private Liste der Pros und Kontras kann einem helfen, sich auf das Thema zu konzentrieren. Falls Sie sich gerade fragen, ob Sie heiraten sollen, lautet der beste Rat: »Tun Sie's nur, wenn Sie's nicht ertragen, darauf zu verzichten.« Und die beste Beschreibung der Ehe stammt von Robert Louis Stevenson: »Die Ehe ist ein langes Gespräch, von Streitigkeiten durchsetzt. Zwei Personen gleichen ihre Vorstellungen mehr oder weniger einander an, um zusammenzupassen, und mit der Zeit führt der eine den anderen ohne Trompetenklänge in neue Gedankenwelten.«

Ergo, wenn Sie sich nicht gut miteinander unterhalten können und keiner imstande ist, auf den Partner einzugehen, sollten Sie sich's zweimal überlegen, ob Sie wirklich heiraten wollen. In den USA gibt es »voreheliche Berater«, die Ihnen bei der Entscheidung helfen, und sie empfehlen jedem verlobten Paar: »Malen Sie sich eine Ehe zwischen der Mutter der Frau und dem Vater des Mannes bzw. zwischen ihrem Vater und seiner Mutter aus.« Wenn das unvorstellbar ist, lassen Sie vielleicht lieber die Finger davon. Ein bißchen extrem (ja, ja, ich weiß, soeben sind Sie – nach grausigen Visionen von Intimitäten zwischen diversen Schwiegereltern – fast zusammengeklappt), aber ich glaube, das funktioniert bis zu einem gewissen Grad. Hätte denn die Königin von England ein eheliches Zusammenleben mit dem explosiven, sexbesessenen, pferdeähnlichen Major Ron

Ferguson genossen? Und sind die Ehen ihrer Kinder glücklich geworden? Da sehen Sie's. Aber vielleicht sollte man über solche Dinge nicht allzu gründlich nachdenken, sonst würde die Menschheit aussterben.

Zweiffellos stellt sich, wenn Sie erst in den Stand der Ehe getreten sind, einiges anders dar. Zehn Tage nach der Hochzeit geriet ich auf einer Büroparty, nach meiner Frühschicht bei den Rundfunknachrichten, in schlechte Gesellschaft. Die Fete dauerte den ganzen Vormittag und endete mit einem Lunch im Pub. Um etwa fünfzehn Uhr kam ich fröhlich singend heim, und es dauerte eine Weile, bis ich den Schlüssel ins Türschloß stecken konnte. Das Gesicht nach unten, fiel ich aufs Bett und wußte nichts mehr, bis ich in der kalten Abenddämmerung erwachte und mich entsann, daß ich an der Reihe war und den Kissenbezug mit der gemeinsamen Schmutzwäsche in den Waschsalon bringen mußte.

Vierzehn Tage früher – in derselben Wohnung, mit demselben Mann und seinen Hemden im selben Kissen – hätte ich philosophisch die Achseln gezuckt und die Sache auf morgen verschoben. Aber in meinem brandneuen Ehestand geriet ich in Panik. Zu betrunken, um für die Wäsche zu sorgen! Das unverkennbare Merkmal einer schlechten Ehefrau! Was für eine Schande! Diese Erkenntnis wurde später von der Überzeugung verdrängt, ich wäre eine schlechte Mutter (die den Babys zu selten die Fingernägel schneidet und die winzigen Füße in Stiefel steckt, die nicht zueinander passen) und eine schlechte Hausfrau (nie genug Toilettenpapier).

Bis ich eines Tages ein Licht im Dunkel sah und zu der Einsicht gelangte, eine schlampige Person würde sich nicht automatisch zur guten Hausfrau mausern, nur weil sie eine weiße Rüschenschürze umgebunden hat. Und es gibt auch keine Zauberformel, die einen Frosch vor dem Traualtar in einen Prinzen verwandelt oder einen brüllenden Rugby-Verteidiger in einen Mann, der begeistert durch Möbelgeschäfte läuft, um die richtigen Rattanstühlchen fürs Badezimmer zu suchen. Einspruch sinnlos – wenn Ihnen das alles mißfällt, heiraten Sie nicht. Ich merkte, daß mein Mann einen Menschen geheiratet hatte, keine Vision, und daß es für uns am allerwichtigsten war, das einmal begonnene Gespräch auch später fortzusetzen.

Das ist schwieriger, als es klingt. Irgendwelche mysteriösen Vorgänge veranlassen ein Paar am Anfang der Beziehung, stundenlang übers innerste Seelenleben zu reden, über Kindheitserinnerungen und brennende Zukunftswünsche. Nach der Hochzeit reduziert sich die Konversation auf: »Hast du meinen Haartrockner gesehen?« Und: »In einer halben Stunde müssen wir bei den Carters sein – oder war das gestern?« Wenn Kinder da sind, kann sogar ein simpler Informationsaustausch mühsam werden. Einmal wurde ich gebeten, einen Valentinsvers für eine Zeitung zu schreiben, und dabei kam zu meinem eigenen Entsetzen folgendes heraus:

»Hätte ich Zeit, soviel ich mag,
Bekämst du ein Gedicht zum Valentinstag.
Doch der Ehealltag muß weiterlaufen –
Könntest du heute abend den Schellfisch kaufen?«

Aber das echte Gespräch darf nicht verstummen. Ehepaare mit Kindern haben verschiedene Möglichkeiten, sich darum zu kümmern. Manche fahren einmal pro Jahr ohne die lieben Kleinen in Ferien. Das ist wundervoll, vor allem, wenn eine gütige, pflichtbewußte Großmutter zur Verfügung steht. Aber es kann auch schiefgehen, wenn man eine berufstätige Mutter ist und glaubt, man wäre ohnehin zu selten mit den Kindern zusammen, oder – so wie ich – eine neurotische Schwarzseherin, die sich den Urlaub verdirbt und ständig fürchtet, es könnte ihnen schlechtgehen. Schluchzend wanderte ich durch Venedig. »O Gott, wie ihnen das gefallen würde!« Dabei war's nur ein Wochenende.

Trotzdem – Wochenenden in trauter Zweisamkeit beglücken auch uns Neurotikerinnen. Und es ist erstaunlich, wie viele Gespräche (und Drinks) sich zwischen Freitag und Sonntagabend einbauen lassen, wenn keine Kinder oder andere Leute dabei sind. Es mag gekünstelt wirken, wenn man sich als Paar isoliert, aber es lohnt sich. Gewisse Formalitäten können sehr nützlich sein. Mein Mann und ich arbeiten meistens zu Hause, wenn auch in verschiedenen Berufen, und manchmal verabreden wir uns zum Lunch, wenn die Kinder in der Schule sind. Während der turbulentesten Jahre, als wir die Kinder aufzogen und zwei Karrieren aufbauten, entwickelten wir die Gewohnheit, am zweiten Weihnachtsfeiertag eine jährliche Zusammenkunft abzuhalten.

Wir engagierten einen Babysitter, flohen vor den Festlichkeiten und unternahmen eine epische fünfzehn oder zwanzig Meilen lange Wanderung, die den ganzen Tag dauerte. Bei diesem Ausflug diskutierten wir über das vergangene Jahr und besprachen, wie es gelaufen war und was wir uns vom nächsten wünschten. Wenn wir uns keinen Lunch oder Babysitter leisten konnten, führten wir einfach einen fernsehfreien Abend pro Woche ein und redeten, wenn die Kinder im Bett lagen. Das mag überraschend einfach anmuten und liegt eigentlich nahe. Denn wann immer wir zu lange warten, ehe wir Gelegenheiten zu ungestörten Gesprächen suchen, werden wir ungeduldig, reizbar und schwierig. Wir verlieren die Kommunikation.

Auch wenn die Diskussionen an sich unerfreulich sind (z. B. über Geld und lästige Verwandte), müssen sie geführt werden. Sonst welkt die Ehe dahin wie eine Pflanze, die zu selten gegossen wird, und fällt dem nächsten Sturm zum Opfer. Und wenn dann der eine sagt: »Ich wußte nie, daß du das so empfindest! Ich hatte keine Ahnung«, erwidert der andere: »Jetzt ist es zu spät.«

Durch ehrliche Gespräche und die Bereitschaft, Irritationen zuzugeben (über Geld oder Sex, über Arbeitszeiten oder die Fragen, wer zuerst aufstehen soll und wie man in Gesellschaft miteinander redet), gewinnt man ein besseres Verständnis für die »geheimen Verträge« in einer Ehe, wie es der Psychiater Robin Skynner nennt. Alte idealistische Vorstellungen von Gleichberechtigung, Offenheit, wechselseitigem Respekt werden verdrängt von Pragmatismus und der Erkenntnis echter Bedürfnisse.

Wie Skynner mir einmal erklärte: »Die Leute heiraten aus offenkundigen Gründen und aus anderen, die ihnen nicht einmal selbst klar sind. Der Geschäftsmann, der seiner Umwelt und sich selber kraftvoll und einflußreich erscheint, sucht sich eine Frau, die ihre traditionelle unterwürfige Rolle übernimmt; aber vielleicht besteht ein geheimer Vertrag, demzufolge sie ihn bemuttern und umsorgen wird. Möglicherweise ist eine untergeordnete Ehefrau der wahre Boß; und eine starke, energische Frau möchte nachts vielleicht ins Bett gebracht und verwöhnt werden. Lesen Sie doch mal die Kontaktanzeigen in den Zeitungen, dieses Babygeschwätz über Schnuckiputzis und Zuckerpüppchen. Die Leute heiraten, weil sie manchmal vom Partner wie ein Baby behandelt werden wollen. Natürlich steht das nicht im offiziellen Ehevertrag. Aber es ist genauso wichtig wie alles andere.«

Sex

Selbstverständlich gehört die körperliche Liebe zu den offiziellen ehelichen Rechten. Doch mit der Ankunft von Kindern ändert sich alles. Der weibliche Körper sehnt sich vor allem nach ungestörten Nächten, ohne Gebrüll und Unruhe und Windelwechseln. Solange beide Elternteile vom nächtlichen Geschrei und der Notwenigkeit, das Baby tagsüber stundenlang herumzutragen, gleichermaßen genervt werden, dürfte das Problem nicht allzu schlimm sein. Aber falls Daddy putzmunter ist und seinen neuen Status noch nicht ganz begriffen hat, könnte es Schwierigkeiten geben. Frauen hassen es natürlich, wenn sie gedrängt werden, und auch Männer ärgern sich über diese Situation.

Mein Freund Eric – ansonsten der Prototyp des »neuen Mannes«, dem man im Supermarkt schleunigst aus dem Weg geht, bevor er die Nachgeburt seiner Frau beschreibt –

drückte seinen Groll erstaunlich primitiv aus. »Als hätte sie von mir gekriegt, was sie wollte, und ich wäre nun ein Zuchthengst im Ruhestand!«

»Na ja, Eric«, erwiderte ich in meiner aufmunternden Art, »das bist du doch auch. Oder willst du in einem Jahr schon wieder ein Baby haben?« Danach entwickelte sich ein vernünftiges Gespräch, und wir gelangten zu dem Schluß, daß wir seit der Pille die Liebesfreuden zu eklatant von der schlichten biologischen *raison d'être* des Sex trennen. Deshalb erwarten wir nach der – schlichten und biologischen – Geburt von Kindern, das Vergnügen könnte fortgesetzt werden wie zuvor, unabhängig von den Begleiterscheinungen. Aber die Natur denkt anders, und so ungern junge Mütter das auch zugeben, während der Stillzeit senkt sie die weibliche Libido mit pragmatischer Skrupellosigkeit auf den Nullpunkt.

Das heißt keineswegs, daß stillende Mütter nie mit ihren Männern schlafen. Es geht um die Form der sexuellen Liebe. Wenn eine Frau bisher auf einem erotischen Podest gestanden und Sex mit frischgewaschenem, duftigem Haar, verführerischen Nachthemden, Kerzenlicht und Stimmungsmusik aus der Stereoanlage in Verbindung brachte, könnte der Kontrast zum allzu irdischen Chaos der Mutterschaft die Lust beider Partner empfindlich dämpfen. Und wenn der Sex zuvor spielerisch oder aber wild war, ändern sich die Dinge noch radikaler.

Diana kannte während ihres Single-Daseins »alle Tricks«, wie man zu munkeln pflegte, und auch ihre Ehe schien äußerst abwechslungsreich zu sein. Freimütig erzählte sie uns von Vibratoren, Schulmädchenkleidern und Peitschen. Und dann tauchte sie eines Tages bei einem Mütterkaffeekränzchen auf und verdrehte die Augen. »Ich glaube, ich bin frigid geworden. Jedesmal, wenn wir's versuchen, denke ich: Verdammt, ich bin keine Zwei-Penny-Nutte, sondern eine Mutter, ich trage eine große Verantwortung, und ich lasse ihn keinen Honig aus meinem Nabel lecken!«

Die Frauen, die schon immer eher zum zärtlichen Kuschelsex tendiert haben, merken plötzlich, daß sie gar keinen so schlimmen Verlust erleiden. Das Kuscheln hört nicht auf, und der Sex kommt wieder dazu, wenn die Zeit reif ist. Diana und ihr Mann scheinen schließlich andere sexuelle Facetten entdeckt zu haben als bloße Gymnastik. Jahre später erzählte sie mir, teilweise seien die alten Spiele wieder aktuell, aber all die asiatischen Positionen und die Reizwäsche bedeutungslos, verglichen mit der ungeheuren, mysteriösen Erkenntnis, daß man bei eben diesen Aktivitäten schon mal ein Wunder vollbracht habe.

Selbst wenn Sie sich gerade bemühen, ein weiteres Wunder zu vermeiden – das Gefühl bleibt bestehen, das Wissen um ein Leben, das zu erwachen versucht. Und seltsamerweise wird der Sex nach einer Geburt oft tatsächlich besser, wenn auch anders. Die Paare, die das begreifen, führen eine glückliche Ehe. Aber die Frauen, die völlig erkalten oder sich nur widerstrebend hingeben, um dem Partner einen Gefallen zu erweisen, und die Männer, die keinen Unterschied wahrnehmen und die üppigeren Rundungen und die ständige Müdigkeit der Mütter beklagen, werden unter einer wachsenden Entfremdung leiden. Suchen Sie sich's aus. Wie in so vielen Bereichen des Familienlebens – man kann nicht alles haben, aber mit Geduld und Humor eine ganze Menge rausholen.

Streit

Manchmal denke ich, das Fernsehen müßte sich katastrophal aufs Eheglück auswirken. Nicht nur, weil es in aller Unschuld den Eindruck vermittelt, sämtliche Ehemänner und Ehefrauen wären attraktiv, sondern wegen der Streitereien. Erinnern Sie sich mal an das letzte halbe Dutzend Fernsehspiele oder Serienfolgen, die Sie gesehen haben. Ich wette, da gab es mindestens sechs eheliche Schreikämpfe, und fünf davon endeten mit leidenschaftlichen Umarmungen.

Wahrscheinlich wurden die Drehbuchautoren aus melodramatischen Gründen (verdammt, es muß doch was passieren, und der Zuschauer findet gemeine Beleidigungen immer amüsant) zu maßlosen Übertreibungen gezwungen. Seit Jimmy in *Blick zurück im Zorn* seine Alison zwei Stunden lang beschimpfte, ehe er sich in einen Kuschelbären zurückverwandelte, herrscht die dramaturgische Übereinkunft, solche wilden Streitereien würden eine Beziehung nicht schädigen, sondern sogar aufpeppen. Ein Teil der therapeutischen Industrie – und der feministischen Bewegung – scheint nun eifrig die Idee zu verfechten, die Leute sollten »ihren Zorn ungehindert zum Ausdruck bringen«. Zum Beispiel erklärte Dr. Elizabeth Stanley neulich in einem Zeitungsinterview: »Vielleicht haben Paare, die freimütig streiten, sich dauernd anschreien und in den Augen von Außenseitern eine schreckliche Ehe führen, bessere und engere Beziehungen. Konstruktiv ausgedrückte Wut reinigt die Luft. Wenn ein Ehepaar beteuert, es würde nie streiten, läuten bei mir sofort die Alarmglokken.« Oder eine weitere Behauptung, vor kurzem in einer Zeitschrift aufgestellt: »Eheleute, die miteinander streiten, gehören nicht unbedingt zur Kategorie, die am anfälligsten für Scheidungen ist. Der Kommunikationsmangel richtet viel größeren Schaden an als der wildeste Streit.« Hm...
Natürlich hat dieser Standpunkt was für sich. Ein Streit kann gelegentlich die Luft reinigen, und die schlimmsten Ehen sind zweifellos die bitteren, schweigsamen. So manche Frau fühlt sich frustriert, wenn ihr Mann allen Diskussionen ausweicht und hinter seiner Zeitung Zuflucht sucht, während sie das Teegeschirr an die Wand wirft. Angela, zehn Jahre lang mit Alan verheiratet, rannte im letzten Sommer davon, nachdem er jedesmal, wenn sie anderer Meinung gewesen war, »einfach nur geseufzt, sich weiterhin seiner jeweiligen Tätigkeit gewidmet und keine Antwort gegeben hatte«. Einige Ehefrauen wenden den Trick an, in Tränen

auszubrechen, statt sich einer Diskussion zu stellen. Sicher, in einer Ehe ohne klärende Gespräche gibt der eine Partner immer nach, und das ist ungesund. So weit, so gut.

Aber Diskussionen und Streitigkeiten sind zweierlei. Was mich mit ernsthaftem Unbehagen erfüllt, ist die Überzeugung unserer neuen, ichbezogenen Generation, alle Gefühle müßten immer ausgedrückt werden und es wäre grundsätzlich schlecht, den Ärger in sich hineinzufressen. Und wenn Sie auch noch die romantische Meinung vertreten, Zorn sei sexy, haben Sie eine Ausrede für die gräßlichsten Beleidigungen, für zertrümmertes Geschirr, Gebrüll und Tränen, verbunden mit der Behauptung, Ihre Ehe sei gefestigt und »echt kommunikativ«.

Dem kann ich nicht zustimmen. Ich habe viele eheliche Wutausbrüche beobachtet, und ich finde, zum Programm erhoben, ist daran etwas faul. Wenn man ab und zu seinem Zorn Luft macht, ist das okay und eine gute Therapie. Nachher fühlt man sich besser, und bald vergißt man die ganze Sache. Aber wenn man völlig außer Kontrolle gerät, wird der Partner, an dem man seine Wut ausgelassen hat, die Szene nicht so leicht vergessen. Eine Tracht Prügel kann einem die Knochen brechen – Worte zielen mitten ins Herz.

»Mein Mann«, erzählte mir eine junge Ehefrau, »nannte mich einmal eine egoistische, dumme, fette, frigide Kuh. Zugegeben, vorher hatte ich ihm viel schlimmere Dinge ins Gesicht geschrien. Aber daß er mir sagte, ich sei frigide, kann ich nicht vergessen. Wenn wir jetzt miteinander schlafen, denke ich immer: Ich weiß doch, was er von mir hält. Und ich habe kein Vertrauen mehr zu ihm.« Außerdem macht sie wie besessen eine Diät nach der anderen, obwohl sie schlank genug ist, weil er sie als »fett« beschimpft hat.

Wie sich kürzlich bei einer interessanten Umfrage in den USA herausstellte, erinnern sich Frauen länger an die Einzelheiten eines Streits als Männer. Aber auch Männer leiden darunter. Wenn Sie Ihrem Mann vorwerfen, er sei ein gefühlloser Bastard, ein Flegel, ein lausiger Liebhaber und ein selbstsüchtiges Schwein, das nur seine Arbeit im Kopf habe, vergessen Sie das alles vielleicht eine halbe Stunde später und fühlen sich viel besser. Währenddessen könnten ihn schwere Sorgen um seinen Job, seine Sexualität und Ihre Beziehung quälen. Wenn Sie dann versichern, Sie hätten's nicht so gemeint, warum haben Sie's dann – grübelt Ihr Opfer – überhaupt gesagt? Dem alten Spruch, wütende Leute sagen immer Dinge, die sie nicht meinen, steht die ebenso alte Behauptung entgegen, nur im Zorn wage man auszusprechen, was man wirklich denkt. Und die meisten Menschen merken sich die Beleidigungen, die ihnen von zornigen Leuten an den Kopf geworfen wurden, sehr genau. Solche Worte bleiben für immer im Gehirn gespeichert. Nicht immer reinigt ein Streit die Luft. Manchmal nährt sich die Wut von der Wut, wird zur Gewohnheit oder sogar zur Sucht.

Und die Kinder aus diesen »starken Beziehungen«, wo der Zorn »konstruktiv ausgedrückt« wird? Sind sie in Hörweite? Wenn ja, haben sie keine so niveauvollen, romantischen Vorstellungen von den Dingen, die sich da abspielen. Sie fühlen sich verschreckt und elend. Auch sie werden gewissermaßen verbal mißhandelt. Zur Schlafenszeit, wenn die leidenschaftliche Versöhnung stattfindet, sind sie ja nicht mehr dabei, oder? Sie liegen im Bett, allein mit ihrer Angst vor Scheidung und Verlust. Oder eins schleicht zum anderen ins Zimmer, so wie viele von uns in früheren Jahren, um darüber zu sprechen, was da eigentlich vorgeht und wie sehr das Heim bedroht ist.

Paare, die in Gegenwart ihrer Sprößlinge streiten, sind verpflichtet, ihnen später alles zu erklären und ihnen zu versichern, wie leid ihnen dieser alberne, kindische Wutanfall tut. Insbesondere, weil sie ihren Kindern ständig verbieten, sich so zu benehmen. Aber wie viele Eltern denken daran, solche aufschlußreichen Gespräche zu führen? Die Kinder merken sich diese Zwischenfälle ganz genau. Auch in unserem Haus, wo relativ selten gestritten wird, erinnern sie sich an einzelne Kämpfe, die schon jahrelang zurückliegen – obwohl wir sie sorgfältig in »Familienscherze« umgewandelt haben.

Natürlich gibt es ab und zu Streit, man sollte sich nur klarmachen, daß man keinen Grund hat, darauf auch noch stolz zu sein. Ein heftiger Zank ist weder romantisch noch sexy, nur selten therapeutisch, sondern vor allem zerstörerisch, dumm und kindisch. Einen der besten Ratschläge bezüglich des Ehelebens hörte ich von einer Frau, die seit fünfzig Jahren verheiratet war. »Man darf nicht verallgemeinern. Beginnen Sie niemals einen Satz mit: ›Du bist immer…‹ Oder: ›Du tust nie…‹ Erläutern Sie ganz präzise, warum Sie schreien.« Das ist ein brillantes Prinzip. Man kann also sagen: »Du Trottel hast vergessen, die Sachen in die Reinigung zu bringen. Nun habe ich nichts anzuziehen. Was soll ich bloß im Büro tragen? Die ganze Woche ist mir verdorben.« Aber keinesfalls: »Du hast die Reinigung vergessen, nie tust du was für mich, du bist ein chronischer Egoist.« Es ist auch okay, wenn Sie sagen: »Ich habe Theaterkarten gekauft. Und jetzt bin ich sauer, weil du's vergessen und Überstunden gemacht hast.« Aber nicht: »Nie gehst du mit mir aus! Du interessierst dich nur für deinen verdammten Job!« Je mehr sie verallgemeinern, desto größer der Schaden.

Wenn Ihr Partner immer wieder die gleiche Missetat begeht, werden Sie natürlich irgendwann wegen einer Kleinigkeit einen unverhältnismäßig wilden Wutausbruch bekommen. Wenigstens schreiben Sie ihn in Ihrem Zorn nicht völlig ab. Danach können Sie die Hintergründe Ihrer Wut erklären, in der ruhigen Entschuldigungs- und Diskussionsphase.

Seien Sie also vorsichtig, wenn jemand behauptet, ein temperamentvoller Streit würde die Luft reinigen. Zählen Sie bis zehn, wie's Ihre Mutter empfohlen hat. Steigern Sie sich nicht in Ihre Wut hinein. Sagen Sie nicht: »Und da wäre noch was…«

Vermeiden Sie unter allen Umständen Ironie und Sarkasmus. Machen Sie lieber alberne Witze. Und wenn sonst nichts hilft, laufen Sie suchend um den Häuserblock.

Eins ist jedenfalls tröstlich – je länger eine Ehe oder Partnerschaft dauert, desto besser werden ihre Überlebenschancen. Wenn Sie fünf Jahre durchgehalten haben, verringert sich die statistische Wahrscheinlichkeit einer Scheidung; nach zehn Jahren noch mehr, etc. »Dann weiß man, was man hat«, bemerkte eine Ehefrau. »Der Gedanke, noch mal von vorn anzufangen und all die Erinnerungen wegzuwerfen, ist schrecklich... Und verdammt noch mal, wenn man miterlebt, wie ein Mann langsam einen Sitzbauch kriegt und die Haare verliert, und wenn er sieht, wie man nach jeder Geburt ein paar Schwangerschaftsstreifen mehr hat, hält man doch irgendwie zusammen, nicht wahr?«

So wie man vom Taftkleid zum Hauskittel voller Babyspucke übergeht, so verändert sich auch die Ehe. Und sie ändert sich mit jeder neuen Phase. Man kann nichts Dümmeres sagen als: »Du bist nicht mehr das Mädchen/der Mann, das/den ich geheiratet habe.« Natürlich ist der Partner nicht mehr so wie damals – und man selber auch nicht. Man schwimmt nicht zweimal denselben Fluß hinunter.

Und was geschah mit dem jungen Charles Darwin? Nun, er beschloß zu heiraten und weinte der verlorenen Freiheit ein paar Tränen nach. »Eheu! Ich könnte nie Französisch lernen – nie den Kontinent sehen – oder nach Amerika fahren oder eine Ballonreise machen oder einsame Wanderungen in Wales... Und wenn schon, alter Junge – nur Mut – dies einsame Leben kann man nicht immer leben, wenn einem ein jämmerliches Alter, freudlos und kalt und kinderlos, ins Gesicht starrt... Es gibt viele glückliche Sklaven.«

Es wurde eine sehr gute Ehe.

4. Who's who – Der Vater

Okay, kommen wir zur Sache. Wer spielt welche Rolle im großen Familiendrama?

Früher war alles ganz einfach. Papa-Bär bekam den größten Sessel und die größte Portion Haferbrei, Mama-Bär einen mittelgroßen Sessel und eine elegante, damenhafte Portion. Und Baby-Bär kannte seinen Platz, wurde gesehen, aber nicht gehört.

Papa-Bär ging aus, um Nüsse zu sammeln und Feinde abzuwehren, Mama-Bär machte sich im Haus zu schaffen und Baby-Bär hing ganz fest an ihrem Schürzenzipfel. Es kam gar nicht in Frage, daß Mama-Bär mehr Haferbrei haben wollte und – um ihn zu kriegen – einen Job annahm; oder daß Papa-Bär arbeitslos wurde, an einer Midlife-crisis litt und zum zwanzig Jahre jüngeren Flittchen-Bär zog; oder daß Baby-Bär straffällig wurde und an Straßenecken mit verbotenem Stoff handelte.

War es jemals wirklich so? Und wenn ja, war man glücklich? Tagelang könnte man über die Plus- und Minuspunkte der guten alten Familientradition streiten. Aber das wäre sinnlos. Es gibt nur eine einzige vernünftige Möglichkeit – hier und jetzt anzufangen. Genau da, wo wir sind. Und wir müssen die Tatsache berücksichtigen, daß jeder woanders startet...

Der Vater

Nur wenige Dinge erschüttern einen Mann noch nachhaltiger als die Erkenntnis, daß er Vater wird. Sogar ein eifrig geplanter Embryo kann ihn völlig am Boden zerstören. »Ich mußte mich setzen, als sie mir's sagte«, erzählte ein Freund. »Dann dachte ich, nun sollte ich irgendwas tun, mich in einen Vater verwandeln. Aber ich wußte nicht, wie.«

Kein Wunder, daß er sich verloren fühlte. Keine wichtige gesellschaftliche Position ist so unklar und verschwommen wie die des Vaters. Einerseits klammern sich uralte Vorstellungen von Macht und Weisheit an das Wort: Gott Vater, geistiger Vater, Paterfamilias. Andererseits entstand in diesem Jahrhundert das kulturelle Klischee vom liebenswerten, aber unfähigen Papa, dem Pantoffelhelden oder dem Dad aus der Fernsehserie, der ins Gartenhäuschen schleicht, um dem Familienleben zu entrinnen. Vatertagskarten zeigen den Ärmsten nur in Hausschuhen, mit Angelzeug oder Fußball. Es werden nur wenige Zugeständnisse an die neunziger Jahre gemacht, in Form von Moto-Cross-Rennen, Sportfernsehen und Surfen. Ansonsten sind die Vatertagskarten seit dreißig Jahren fast unverändert geblieben.

Das muß furchtbar deprimierend auf all die weltgewandten, fortschrittlichen Männer wirken, die ihren zielstrebigen, stilvollen Aufstieg kurz unterbrechen, um trendgerecht als fürsorglicher Vater kleiner Kinder zu fungieren. Nachdem der Kerl nun so anständig war, bei der Geburt aufzutauchen und eine oder zwei Windeln zu wechseln, ist es doch unfair, immer noch den typischen alten Kauz in Hauspantoffeln zu porträtieren, der seine Angelrute ölt und gegen Bälle tritt. Wenn er nun jede Art von Sport haßt? Angenommen, er trägt lieber schicke Anzüge und ißt gern Sushi oder er schreibt sensitive, experimentelle Romane? *Sein* Pech. Die Stammesmythologie hat ihn anders eingestuft – er ist und bleibt der vernünftig, stabile, konservative und sterbenslangweilige Ernährer, der am Vatertag mit einer Karte gefeiert und ansonsten mehr oder weniger ignoriert wird...

Oder mit Vorwürfen überhäuft. Der moderne Vater wird von radikalen Feministinnen mit den Behauptungen bombardiert, er sei im Grunde überflüssig (abgesehen von dem Zeug, das er in einem handlichen Reagenzglas abliefern könne, und seiner Fähigkeit, den Truthahn zu tranchieren) und bestenfalls erträglich.

Bei fast allen Scheidungen wird den Müttern das Sorgerecht für die Kinder zugesprochen, was die Vermutung nahelegt, daß die Gesellschaft einen Full-time-Vater nicht ernst nimmt. Außerdem sei der Mann – so erklären uns die Radikalen – immer noch ein unzivilisiertes Wesen, ein emotionaler Analphabet, durch die Schuld seiner gefühlskalten Vorväter unterentwickelt. Seine einzige Hoffnung liege darin, ein glorreicher, moderner »neuer Vater« zu werden, an Schwangerschaftskursen teilzunehmen (von der Geburt gar nicht zu reden), sich mit seinem winzigen Baby zu verbünden und es zu baden, Windeln zu wechseln, Zärtlichkeit auszudrücken, zu weinen, Kinderwagen zu schieben, den Rollentausch perfekt zu beherrschen.

Im ersten Entzücken über die Vaterschaft stürzen sich manche »neuen« Männer tatsächlich auf all diese Tätigkeiten. Der Scheidungsboom und die neue Vaterschaft bilden sogar eine seltsame Allianz, um eine einzigartige moderne Figur zu produzieren: den Mann, der seine erste Frau und die pubertierenden Kinder verläßt (bei der Geburt war er nicht einmal in der Nähe des Krankenhauses – nein, danke – und hat danach keine einzige Windel gewechselt), eine viel jüngere Frau heiratet, begeistert die Entbindung miterlebt und dann mit Feuereifer der Babybad-Windel-Töpfchen-Routine frönt. Viele Männer mit zurückweichendem Haaransatz besuchen heutzutage in der Mittagspause Kurse für Babypflege, was die Exgattinnen mit heimlichem Groll beobachten.

Doch das Image des »neuen Vaters« verblaßt, wenn die Kinder älter werden. Wie sich kürzlich bei einer soziologischen Untersuchung der Ehepaare herausstellte, die den Rollentausch geübt hatten, war die Hälfte der Familien innerhalb von zwei Jahren zum traditionellen Schema zurückgekehrt. Sobald der Reiz der Neuheit verblaßt und die guten Vorsätze in Vergessenheit geraten, nimmt der ganztags arbeitende Vater den Platz ein, den auch sein eigener innehatte.

Charlie Lewis, Universitätsdozent, studierte die Vaterschaft in den achtziger Jahren und bemerkte nüchtern, trotz all des wackeligen Geredes um den »neuen Vater« seien »nur wenige Männer in der Kinderbetreuung aktiv und eher Assistenten als richtige Partner«.

Aber in derselben Studie deckte Lewis den Irrtum der naiven modernen Annahme auf, die väterliche Zärtlichkeit wäre erst von der ichbezogenen Generation und dem feministischen Beharren auf männlicher Hilfe hervorgerufen worden. Das Phänomen reicht viel weiter in die Vergangenheit zurück. Nicht alle einstigen Väter wählten die Gottvater-Rolle und ließen sich aus der Ferne verehren. Studien über Fischer und Handwerker im viktorianischen Zeitalter belegen, daß einige dieser Männer keineswegs grobe Trunkenbolde oder unnahbar wie die legendären Arbeiterklassen-Väter waren, sondern interessierte, fürsorgliche Haushaltsmitglieder. Oft nahmen sie die Kinder zum Arbeitsplatz mit. Und in einer noch früheren Ära, 1829, übersiedelte der Politiker William Cobbet aufs Land und arbeitete zu Hause, weil er fand, ein Kind müßte seinen Vater stets im Blickfeld haben. Wenn Freunde ihn ohne seine Kinder einluden, ging er nicht hin.

Nein, wir haben die väterliche Zärtlichkeit nicht erfunden, aber vielleicht – seit den vierziger Jahren in Europa – neu entdeckt. Zwei schreckliche Kriege zwangen unzählige Männer jahrelang zu ausschließlich männlicher, hartgesottener Gesellschaft. Dadurch entstand Machismo, und bei vielen konventionellen Männern verkümmerte das Gefühl für die eigene Zärtlichkeit.

Freud war keine große Hilfe. Während des zwanzigsten Jahrhunderts wurde in zahlreichen Büchern über Babypflege die Rolle des Vaters absichtlich in den Hintergrund gedrängt. Entweder sah man ihn angstvoll als Quell künftiger Neurosen (vor dem Zweiten Weltkrieg rieten fast alle Schriftsteller den Vätern davon ab, ihre Kinder zu umarmen, und empfahlen statt dessen einen »mannhaften Händedruck«). Oder man scherzte über liebevolle Väter und verglich sie mit wenig vertrauenswürdigen Kindermädchen.

Michael Green vertritt in seinen Memoiren die Theorie, es wäre das Fernsehen, das die väterliche Autorität unterminiert hätte. Früher war der Vater das einzige Familienmitglied, das auf Reisen ging und vielleicht in den Krieg zog. An seinen Erinnerungen und Erfahrungen orientierte sich die Weltsicht seiner Kinder. Jetzt, wo die TV-Nachrichtensendungen eine viel größere Welt ins Wohnzimmer bringen – wer braucht da noch Dads alte Kriegsgeschichten? Bekümmert meint Green, diese Entwicklung habe die Autorität des Vaters in geradezu katastrophalem Ausmaß untergraben. Armer alter Dad. Wir Mütter mögen uns mit Recht über unsere Typisierung beklagen. Aber auch die Väter können ein Lied davon singen.

Der gute Vater

Woran erkennt man den guten Vater? Eine feministische Schriftstellerin erklärte verächtlich, ein guter Vater würde »nicht das ganze Haushaltsgeld vertrinken und die Kinder nicht erschrecken.« Wenn man Leute auf der Straße fragt, werden sie vermutlich sagen: »Nun, er muß die Familie gut ernähren.« Oder: »Die Kinder sollen ihren Spaß mit ihm haben.« Oder: »Er müßte ein Vorbild sein.« Diese Charakterisierungen reichen nicht aus. Es ist grauenhaft, Väter nur als finanzielle Melkkühe zu betrachten (wie beurteilt man sie, wenn sie ohne eigenes Verschulden nichts mehr verdienen?). Und es ist auch nicht lebensnotwendig, daß sie mit den Kindern spielen. Ein übermütiger, zärtlicher, lustiger Daddy ist zweifellos ein Pluspunkt. Andererseits wachsen in Kulturen, wo die Väter fast göttergleiche, distanzierte und grandiose Positionen einnehmen, zahlreiche gefühlvolle, gut in die Gesellschaft eingegliederte Bürger heran.

Es gibt viel mehr erfolgreiche Formen der Vaterschaft als der Mutterschaft (zum Ärger von uns Müttern). Der englische Dramatiker John Mortimer schrieb voller Zuneigung und Inspiration über seinen Vater – einen exzentrischen, eigenwilligen und bissig-ironischen alten Rechtsanwalt, der niemals zugab, daß er blind war, und seinem Sohn versicherte, der Sex werde überschätzt. Das entspricht wohl kaum der Vorstellung eines Sozialarbeiters von perfekter Vaterschaft, oder? Aber sein Sohn trauert schmerzlich um ihn.

Oder James Morris – die Liebe und der Respekt seiner Kinder überlebten die Geschlechtsumwandlung des Vaters, als er Jan Morris wurde. Mit einer Prise Salz erträgt man sogar Nancy Mitfords tröstliche Theorie über den ausgleichenden Mechanismus der Natur: Die Kinder von brüllenden, tobenden, schlagkräftigen Vätern hätten genug Mumm geerbt, um Gewitterstürme zu bewältigen, in denen gewöhnliche Kinder völlig die Nerven verlieren würden.

Und welche Merkmale muß ein guter Vater haben? Manche Leute meinen, ein Vater sei wichtig für die moralische Entwicklung seiner Kinder, weil »seine Liebe teilweise von deren Leistungen und gutem Benehmen abhängt, während eine Mutter bedingungslos liebt.« (Legt Euer Briefpapier beiseite, Leute, das sage nicht ich, sondern Trevor Berry, der den britischen Interessenverband »Families Need Fathers« leitet. Ich erwähne das nur als Diskussionspunkt.) Andere meinen, er würde die Selbstachtung der Kinder aufbauen, und einige finden, er würde ihnen Kraft geben und sie veranlassen, in die Ferne zu ziehen und die Welt zu erobern, während die Mutter sie an den heimischen Herd zu binden versucht.

Nur eins steht einwandfrei fest: Ein Vater ist kein – ich wiederhole, kein – Mutter-Duplikat. Als ich anfing, Bücher über Kinderbetreuung zu schreiben, stellte mir mein Verleger die herausfordernde Frage, warum ich mich ständig auf

»Mütter« beziehen würde, nicht auf »Eltern«. Ich prüfte mein Gewissen und erkannte, daß ich »Mutter« nicht so sehr als geschlechtsbezogenes Wort betrachtete, sondern als Berufsbezeichnung. Wie Buchhalter. Oder Parlamentarier oder Arzt. Manche Väter bemuttern ihre Kinder tatsächlich – sie schmusen mit ihnen vor dem Schlafengehen, hören sich ihre Schulsorgen an, kümmern sich um alle physischen Bedürfnisse und suchen passende Socken zusammen. Aber im Hintergrund meines Bewußtseins hatte sich die Gewißheit eingenistet, daß die Vaterschaft eine zwar parallele, jedoch völlig andere Funktion ist.

Wie ich später herausfand, wird diese Vorstellung von vielen psychologischen Theorien gestützt. Ein Vater ist keine Mutter. Ob es Ihnen gefällt oder nicht, er hat ein anderes Verhältnis zu seinen Kindern. Er spielt nicht die Rolle einer Verlängerungsschnur, die sie mit der Außenwelt verbindet, sondern tritt als wohlwollender Patron auf. Er tut andere Dinge, spielt rauhere Spiele, ist weniger bereit, jedes kleine Wehwehchen zu beklagen und Mitleid zu zeigen. Und er lacht nicht nur mit dem Kind, sondern gelegentlich auch über die Mutter. Er stellt alberne Dinge an, um sie zum Lachen zu bringen, nicht zuletzt über sich selbst. Irgendwie repräsentiert er die Vorhut der harten Welt da draußen, der sich das kleine Kind eines Tages stellen muß – ein Tunnel zwischen dem gemütlichen, geschützten Kinderzimmer und dem fremden Leben, das außerhalb liegt.

So etwas beobachtet man oft in der Praxis. Natürlich gibt es immer Ausnahmen, aber im großen und ganzen kümmern sich Mütter um Handschuhe und Wollmützen, während Väter sie verlieren. Ständig rechnen Mütter mit gräßlichen Krankheiten, die ihre Sprößlinge bekommen könnten – die Aufmerksamkeit der Väter erwacht erst, wenn sie vollgekotzt werden. Mütter fühlen sich ein, Väter zeigen Mitgefühl. Oft eignen sich Väter besser dafür, ein Kind zu einer Prüfung oder Impfung zu begleiten (zumindest haben mir das manche praktische Ärzte erzählt), weil sie im Gegensatz zu vielen Müttern nicht dazu neigen, in zitternde Nervosität zu verfallen und mit dem kleinen Liebling zu leiden. In Krankenhäusern sah ich schon manche junge Väter, die ihre Kinder beruhigten und in den Schlaf lullten, nachdem die Mütter versagt hatten. Das bedeutet keineswegs, daß sie besser sind als die Mütter, nur anders in ihren emotionalen Reaktionen.

Die Natur hat das alles sehr gut arrangiert: Die Vaterschaft, von der Mutterschaft ganz klar unterschieden, ist ein notwendiger Job. Alleinstehende Mütter wissen das vielleicht besser als sonst jemand, weil sie auch die Vaterrolle übernehmen und sich zweiteilen müssen. Wie man es auch dreht und wendet, ein Kind braucht zwei Bezugspersonen: Eine, die ihm Sicherheit gibt und es beschützt, und eine, die es herausfordert und anspornt. Falls überhaupt ein Sinn im neuen Konzept der Vaterschaft liegt, könnte es die Möglichkeit sein, die sie beiden Eltern bietet – gelegentlich die Rollen zu tauschen.

Was kann man also einem frischgebackenen Vater sagen? Mehrere Dinge. Verzeihen Sie mir, wenn ich auch das Offensichtliche erwähne. Erstens lohnt es sich, auch bei der körperlichen Betreuung des Babys mitzuwirken, aber wenn es Ihnen oder Ihrer Frau mißfällt, erzwingen Sie es nicht. Einerseits, wie Mike Rosen – Dichter und oftmals Fulltime-Vater – bemerkt: »Durch die Beschäftigung mit Windeln und Babyspucke wird die Beziehung besser und zärtlicher, auch durch Schlaflieder.« Andererseits kenne ich einen freundlichen, humorvollen, sehr beliebten und gewissenhaften Vater, der nur ein einziges Mal eine Windel gewechselt hat. Dabei wurde ihm speiübel, und seine Frau mußte zwei Bescherungen statt einer wegwischen. Danach bat sie ihn nie wieder darum. Schuster, bleib bei deinen Leisten, würde ich sagen.

Zweitens rate ich den Vätern: Seien Sie da. Bedauerlicherweise neigen viele Männer (und auch berufstätige Frauen in Spitzenpositionen) zu der Annahme, wenn sie mit ihren Kindern nichts Hochwertiges unternehmen oder sie betreuen, während kein anderer Erwachsener in Sichtweite ist, wäre ihre Anwesenheit überflüssig und sie könnten genausogut arbeiten oder sonstwo sein. Das stimmt nicht. Rosen verfaßte einen hübschen Bericht über häusliche Geschäftigkeit, die Anwesenheit im Hintergrund, die Kinder zeitweise von beiden Eltern erwarten. Nach seiner Theorie nutzt man die Zeit, wo man den Tisch abwischt, auf dem Kaminsims Ordnung macht oder die Kinder zur Schule fährt, um eine Beziehung zu ihnen aufzubauen. »Dann stellen sie nämlich die wirklich wichtigen Fragen, zum Beispiel, ob Büffel Spaghetti essen. Selbst wenn Sie die Zeitung lesen, beweist Ihre Anwesenheit, daß Sie die Gesellschaft mögen, in der Sie sich gerade befinden. Genauso, wie Ihre Abwesenheit die vage Angst hervorruft, Sie wären nicht gern daheim und nicht gern mit Ihren Kindern zusammen. Aber wenn der Vater da ist, haben die Kinder das Gefühl, sie könnten ihn auch beanspruchen.«

Und jetzt komme ich zu der Lektion, die ein Vater am allerschwersten lernt. Und mancher lernt es auf die ganz harte Tour. Gnadenlos berichtet der Industrielle Sir John Harvey-Jones in seinen Memoiren, wie er seinen professionellen Ambitionen beinahe gestattet hätte, sein Leben zu sabotieren. Während der sechziger Jahre stieg er bei ICI auf der Karriereleiter empor. Schonungslos schildert er, wie jene Welt sein Familienleben korrumpierte. »Ich begann, mich politisch zu verhalten – nicht unehrenhaft, wie ich hoffe, aber ich versuchte mit voller Absicht zu demonstrieren, ich wäre besser als andere. Ich spielte den großen Boß, stürzte mich ins Jet-set-Leben, trank und saß stundenlang in Nachtclubs herum. Dabei vernachlässigte ich meine Frau und meine Tochter, hielt deren Existenz für selbstverständlich. In jener kurzen Phase hätte ich mein Familienleben beinahe zerstört.« Er merkte es gerade noch rechtzeitig und besserte sich. Seine Erfahrungen hängen mit dem Problem vieler Männer zusammen, die in einem Dilemma stecken: Sie streben Spitzenpositionen an, um die Familie bestens zu versorgen, und gleichzeitig wollen sie gute Väter sein.

In der Geschäfts- und Industriewelt akzeptiert man nur

allmählich, daß Väter für ihre Kinder »dasein« müssen; ein Personalchef bemerkte brutal, wenn ein Mann beim Einstellungsgespräch erwähne, zu manchen Tagen müsse er vielleicht um Punkt fünf gehen, um sein Kind vom Kindergarten abzuholen, »würde er sich selber den Todesstoß versetzen«. Einer meiner Bekannten – ein Handelsvertreter, der zu Hause arbeitete – kümmerte sich regelmäßig um seine drei Kinder, während seine Frau ihre eigene kleine Firma leitete. »Ich kann mir meine Arbeit flexibel einteilen und den Papierkram spätabends erledigen«, erklärte er. »Aber wenn meine Vorgesetzten das herausfänden, wären sie stinksauer.«

Bei manchen Firmen können die Männer zu Beginn ihrer Vaterschaft einen Gang runterschalten, so wie viele Frauen. In den späten achtziger Jahren wurde ganz Großbritannien von einem schweren Schock erschüttert, als das Kabinettsmitglied Norman Fowler seinen Posten aufgab, um mehr Zeit mit seinen kleinen Kindern zu verbringen. »Ich war bisher kein besonders teilnahmsvoller Vater, und jetzt will ich eine Zeitlang zu Hause bleiben«, erklärte er. Drei Jahre später, als seine Töchter älter waren, kehrte er ins Amt zurück. Lauthals kicherten die Medien über das Manöver (zu einem gewissen Zeitpunkt gab es in der gesamten britischen Presse niemanden außer mir, der an seine Motive glaubte), aber als ich einen ganzen Waggon voll Eisenbahnpendler über die Sache befragte, vertraten alle dieselbe Meinung.

»Dieser Glückspilz«, sagte ein junger Mann. »Sicher ist das gut für ihn. Ich wünschte, ich könnte das auch tun. Nie sehe ich meine Kinder aufwachen, nur an den Wochenenden, und an zwei von drei Wochenenden bin ich unterwegs.«

»Meine Frau mußte entscheiden, in welchen Kindergarten mein Sohn gehen soll«, erzählte ein anderer. »Ich wollte mich selber umsehen, aber ich bekam nicht frei.«

Keiner dieser Männer wollte den Beruf aufgeben oder die Rollen tauschen, sondern nur genug Zeit finden, um das Familienleben in den unersetzlichen ersten Jahren zu genießen und – wie einer betonte – »eine Grundlage aus schönen Erinnerungen für die Phase zu schaffen, wo der Junge ein gräßlicher Teenager wird und seinen alten Dad verachtet«.

Interessanterweise betonte ein anderer Vater, seit er seinen hochkarätigen Job verloren und einen schlechteren angenommen habe, gestalte sich das Zusammensein mit seinen Kindern viel erfreulicher und entspannter. »Ich war so aufgeputscht, daß ich in meiner Freizeit Dampf ablassen mußte, mit hundertvierzig Stundenkilometern die Küste entlangraste, an Regatten teilnahm oder wie ein Verrückter Squash spielte. Niemals konnte ich abschalten. Jetzt vegetiere ich bei der Arbeit einfach vor mich hin, bin viel ausgeglichener und genieße die Stunden mit den Kindern. Das gefällt mir, wirklich.«

Aber die Männer, die ihre Karriere absichtlich auf Eis legten, sind tapfere Ausnahmen. Immer noch applaudiert die Gesellschaft den Macho-Workaholics, und man kommt sich nur wichtig vor, wenn man einen Spitzenjob hat. So viele Vorteile Kinder auch mit sich bringen mögen – als Lebensinhalt genügen sie nicht. Viele Mütter können von jenen düsteren, einsamen Momenten erzählen, wo sich die Freuden des Familienlebens auf eine Küche voller Katzenmist und ein mürrisches, rotznäsiges Kleinkind reduzieren. Der Schriftsteller Fraser Harrison schilderte gewisse Phasen seines häuslichen Daseins, wo das Verhalten der Kinder nicht mehr »charmant und exzentrisch« wirkte, sondern »auf höchst ärgerliche Weise egoistisch. Der konstante Lärm war kein fröhlicher Chor mehr, der unseren Haushalt untermalte, sondern ein ohrenbetäubender, entnervender Lärm«. In solchen Zeiten empfindet man den Firmenchauffeur vor der Tür und den Aktenkoffer voller politischer Probleme als wahren Segen.

Die Lösung des Problems heißt die Ausgewogenheit. Und Höflichkeit und Respekt. Vielleicht sollten wir netter zu den Vätern sein und sie höher einschätzen. Ich weiß, das ist schwierig, solange sich die Mütter chronisch unterschätzt fühlen. Aber ein bißchen wechselseitige Achtung kann Wunder wirken.

Selbst wenn man dadurch keine verlorenen Handschuhe und Wollmützen wiederfindet.

Väter und Söhne

Wenn man an der Oberfläche des allerneuesten neuen Mannes kratzt, findet man einen Jäger, der mit seinem Sohn auf die Jagd gehen will. Ein sanftmütiger, feinfühliger Bursche erschreckte mich neulich ganz furchtbar, als er seine Zwillinge betrachtete und traurig bemerkte: »Meine Tochter hat alles, was man sich von einem Sohn nur wünschen kann – sie ist athletisch, mutig, groß und stark – aber schau ihn doch an!« Der kleine Junge duckte sich hinter seine Mutter, ein paar Zentimeter kleiner und viel nervöser als seine übermütige Schwester.

Männer müssen sich im Zaum halten, was die Erwartungen betrifft, die sie in ihre Söhne setzen. Denn Söhne messen sich ständig an ihren Vätern, und beide würden unter gräßlichem Druck stehen, wenn sie dasselbe Spiel spielten. Viele Jungs glauben, sie würden ihre Väter enttäuschen, und dann werden sie deprimiert und mißmutig. Gewöhnen Sie sich an, in der amerikanischen Therapeutensprache zu denken. Die richtige Botschaft, die ein Vater überbringen muß, lautet: »Mein Sohn, ich bin stolz auf dich, was immer du auch tust.« Wenn der fragliche Sohn um vier Uhr nachmittags hinter geschlossenen Vorhängen auf dem Sofa liegt, einen Walkman an die Ohren gepreßt, und mit dem Zeh, der aus einem Loch im Socken ragt, den Fernseher einzuschalten versucht, ist das etwas schwierig. Dann könnte man die Botschaft etwas abändern. »Mein Sohn, ich weiß, du besitzt einzigartige Talente. Dürfte ich dir vielleicht helfen, sie zu nutzen?« Vielleicht grunzt er nur, aber es wird zumindest einigermaßen erfreut klingen.

Wenn ich den letzten Absatz noch einmal lese, kommt er auch mir ein bißchen zu weichherzig vor. Vielleicht liegt's daran, daß ich gerade von einem Sportfest in der Schule zurückgekommen bin. Dort schrie ein Vater seinen elfjährigen Sohn an, weil er beim Wettrennen nur zweiter geworden war – nicht erster. Denken Sie mal drüber nach.

Väter und Töchter

Einmal arbeitete ich mit einem Mann zusammen, den ich eigentlich nicht leiden konnte. Ein flotter, oberflächlicher, modebewußter Yuppie. Aber seine Achillesferse war seine Tochter, von der er unentwegt schwärmte. »Seit dem Augenblick, wo sie auf die Welt kam... O Gott, die ersten winzigen roten Schuhe... Sie ist hinreißend, ich sage Ihnen hinreißend... Ein wundervolles Mädchen, ich könnte sie fressen...« Als ich sie dann kennenlernte, erlitt ich einen Schock. Sie war zwölf Jahre alt, ein furchtbar plumpes Ding mit teigigem Gesicht, strähnigem Haar und extrem schüchtern. Genau der Typ von weiblichem Wesen, mit dem dieser durchgestylte Mann niemals im selben Zimmer gesehen werden wollte. Aber er nahm sie in die Arme und schob sie dann nach vorn. »Ist sie nicht zauberhaft?« fragte er ohne eine Spur von Ironie, und sie lächelte glücklich. Und plötzlich liebte ich diesen ekligen Typen.

Um zu selbstbewußten Frauen heranzuwachsen, brauchen Töchter die Anerkennung ihrer Väter. Das gilt ebenso für äußerliche wie charakterliche Vorzüge. Einem Vater steht es keineswegs zu, auf die Minuspunkte seiner Tochter hinzuweisen, auf ihren seltsamen modischen Geschmack oder ihren Babyspeck. Mütter können das viel taktvoller, Tanten und Kusinen sogar noch taktvoller. Ein Vater ist verpflichtet, den ersten treuergebenen, ritterlichen Bewunderer seiner Tochter zu repräsentieren. Wenn dann der erste Freund auf der Bildfläche erscheint, darf der Vater den armen pickeligen Burschen natürlich nicht bezüglich künftiger Berufsaussichten und ehrbarer Absichten verhören. Er soll sich lieber in seinen Töpferschuppen verziehen und weinen.

Noch etwas. Die Geschichten über Kindesmißbrauch verschrecken manche Männer dermaßen, daß sie ihre Kinder, vor allem die Töchter, nicht zu umarmen wagen. Ich kenne einen Vater, nennen wir ihn Mick, der seine fünfjährige Tochter von ihrem goldblonden Haar bis zu den roten Schühchen vergöttert. Seit ein anderes kleines Mädchen in derselben Straße vom betrunkenen Stiefvater beinahe vergewaltigt worden wäre (ein Fall, der die ganze Nachbarschaft erschütterte), will Mick sie nicht mehr auf seine Knie setzen. »So ist es besser für sie, in diesen bösen Zeiten«, sagt er verwirrt und bestürzt. Emma versteht nicht, warum ihr Vater neuerdings sofort aus dem Bett springt, wenn sie morgens hineinkriecht. Vielleicht werden sie irgendwann einen Kompromiß finden, aber im Augenblick ist die Situation sehr traurig. Viele Väter gehen immer noch mit ihren Töchtern schwimmen, weigern sich jedoch, die Freundinnen der Töchter mitzunehmen. So abstoßend und unbegreiflich die Pädophilie auch für viele erscheinen mag, der öffentliche Widerhall solcher Fälle macht auch ganz normale Familien unglücklich.

Dies muß aber nicht das Ende väterlicher Zärtlichkeit bedeuten. Alle Eltern wissen, wie süß und knuddelig Kinder sind. Eine weiche Wange an der eigenen, ein Köpfchen an der Schulter, Nasenreiben und ein fröhliches, unsinniges Schmuse-Vokabular von Tausendschönchen bis Mauseschwänzchen gehören zu einem glücklichen Familienleben, manchmal sogar, bis die Kinder groß sind. Ein Baby, das nicht liebkost wird, kann sich vor Kummer verzehren und vielleicht sogar sterben. Und ältere Kinder, die man plötzlich nicht mehr umarmt, werden sich sonderbar und einsam fühlen. Auch sie muß man in den Arm nehmen, solange es ihnen willkommen ist.

Und wenn es nicht mehr willkommen ist, muß man sich zurückhalten. Es ist ebenso wichtig, die Lektion über Privatsphäre und Würde zu lernen. Die Eltern – besonders die Väter, die in kindlichen Augen Kraft und Autorität repräsentieren – dürfen nicht so viel mit einem Kind schmusen, wenn es sich dagegen sträubt oder gerade was anderes zu tun hat. Auf keinen Fall sollte man es zwingen, irgendwelche Leute zu küssen, und das gilt sogar für Verwandte. Aber wenn Sie völlig verzweifelt sind, können Sie ja immer noch um eine Umarmung bitten...

5. Who's who – Die Mutter

Eine kleine Fabel

Im Jahr 1993 schlief eine Mutter am Abend vor dem Muttertag ein, nachdem sie unklugerweise Mousse au chocolat und die übriggebliebenen, mit Hefeextrakt bestrichenen Sandwiches der Kinder gegessen hatte. In solchen Nächten wurde die Schläferin oft von warnenden Alpträumen heimgesucht, von Geistern, die zwischen den Ästen der Bäume auftauchten wie Ebenezer Scrooges Peiniger. Und so geschah es auch diesmal.

Die erste Erscheinung zeigte sich bedrohlich am Fußende des Betts, Ketten aus Brotteig fesselten ihre faltigen Hände. Die dicke graue Gestalt lächelte starr. Ihr Haar war in der Mitte gescheitelt. Über dem üppigen Busen trug sie eine weiße Schürze, die heimelig nach Kuchen und Bügelwäsche roch. »Ich bin das Gespenst der einstigen Mutterschaft«, begann sie zu schwatzen. »So, wie du mich jetzt siehst, werde ich auf Muttertagskarten abgebildet.«

»Was hast du getan?« fragte die Träumerin.

Entrüstet entgegnete der Geist: »Was ich getan habe? Nun, ich backte, kochte meine eigene Marmelade und mein Gemüse ein. Im Morgengrauen stand ich auf, um ein gutes warmes Frühstück vorzubereiten. Wenn ich die Haustürschwelle schrubbte, sang ich. Für meine Babys nähte ich winzige Hemdchen, ich brachte ihnen Lesen und Schreiben bei, und am Abend versäumte ich's niemals, ihnen eine Bibelgeschichte vorzulesen. Zwölf Jahre lang stand ich am Schultor, jeden Tag. Und als meine Schätzchen ihr Heim verließen...« Die Vision schnüffelte. »Da gab ich ihnen

Briefmarken, damit sie ihre Wäsche nach Hause schicken konnten.«

Die Träumerin wartete eine Weile, dann fragte sie schüchtern:

»Und was ist am Ende mit Ihnen passiert?«

Nun schnüffelte das Gespenst noch lauter. »Sobald die Kinder groß waren, brannte mein Mann mit einer Nutte durch«, erzählte es verdrießlich. »Er behauptete, er könne nicht mit mir reden. Damals war ich fünfundvierzig, und ich bekam keinen Job, weil die Leute sagten, ich sei zu nichts nütze. Pah!«

Abrupt verschwand der Geist und hinterließ einen schwachen Geruch nach versengten Leintüchern. Ein zweites Gespenst erschien und zappelte nervös herum. Es trug ein korrektes Kostüm und eine Strumpfhose mit Laufmaschen, an der es deprimiert zupfte. Außer einer Aktentasche hatte es noch eine Dauerfahrkarte und drei Plastiktüten bei sich, aus denen Toilettenpapierrollen und Schienen für eine Spielzeugeisenbahn ragten, ein Kohlkopf, eine Packung Spaghetti und ein Taschenbuch über Streß. Hastig begann es zu sprechen und schaute dabei gelegentlich auf die Uhr.

»Ich bin der Geist der jetzigen Mutterschaft. Okay? Zweimal nahm ich Babyurlaub, nach jeweils zwölf Wochen fing ich wieder zu arbeiten an. Ich fand einen wundervollen Kindergarten, wirklich. Der hatte nur den Nachteil, daß man die Kinder um Punkt halb sechs abholen mußte. Die Schule ist noch früher zu Ende. Deshalb hat Damien einen Schlüssel, und ich muß mich schrecklich abhetzen, wenn eine Besprechung in meinem Büro länger dauert. Und ich glaube, man sollte die Zeit mit den Kindern sinnvoll verbringen – Sie nicht auch? Also lesen wir Charles Dickens und basteln Sonnenuhren aus Pappe, und abends lernen wir Italienisch. Und am Donnerstag haben wir natürlich Suzuki-Geigenunterricht. Aber da gibt's ein Problem. Wenn ich länger im Büro bleiben muß, versäumen wir den Beginn der Stunde, und der Lehrer schimpft auf japanisch mit mir – besonders, wenn ich nicht lange genug mit meinem Sohn geübt habe. Am Samstag koche ich für die ganze Woche und friere alles ein, denn ich lege großen Wert auf Hausmannskost – Sie nicht auch? Aber ich muß auch Papierkram aus dem Büro erledigen und eine ganze Menge mit der Hand waschen, weil die Maschine immer wieder verrückt spielt, und am Wochenende kommen keine Installateure... Aber nun habe ich mir diesen neuen Time Manager Personal Computer gekauft. Alles ist nur eine Frage der Organisation...«

Die Träumerin unterbrach den Geist. »Und was ist am Ende mit Ihnen passiert?«

Hektisch zuckte er zusammen. »Ich arbeite immer noch. Mein Sohn Damien wurde buddhistischer Mönch, weil er die Stille liebt. Und Jocasta wohnt in einem Haus, das sie mit ihrer Clique besetzt hat, und schreibt Gedichte. Sie findet meinen Lebensstil zu üppig und materialistisch. Aber ich habe die Zeit mit den Kindern immer sinnvoll verbracht und mir mein volles Recht auf die Rente erhalten.«

Die Mutter aus dem Jahre 1993 erwachte beinahe aus ihrem Alptraum und dachte vage, nun könne es nicht mehr schlimmer kommen. Aber da stapfte in unirdischem Glanz eine neue grausige Gestalt auf sie zu, die unbeschreiblich aussah. Ob sie ein Mensch oder ein Roboter war, ließ sich nicht erkennen. Sie bestand aus unzähligen Drähten und Armen und Klappen, Tasten und Hebeln und Lautsprechern und Zusatzgeräten. Aber die Stimme, die aus dem Zentrum drang, klang menschlich.

»Ich bin der Geist der zukünftigen Mutterschaft«, erklärte sie resolut, »und ich habe alle Fehler der Vergangenheit korrigiert. Standhaft weigerte ich mich, als Haussklavin zu fungieren oder eine Workaholic zu werden, ein Wrack voller Schuldgefühle. 1991 forderte mich die EG auf, an den Ort zurückzukehren, wo meine Fähigkeiten gebraucht wurden. Und die Journalisten forderten mich auf, beim Delegieren keine Gewissensbisse zu verspüren. Also delegierte ich.«

»Was?« erkundigte sich die Träumerin fasziniert.

»Alles!« erwiderte der Geist voller Stolz. »Während der letzten Geburt gelang es mir sogar, einen ganzen Jahresbericht zu schreiben, weil ich in einer Privatklinik einen Kaiserschnitt mit Epiduralanästhesie vornehmen ließ, statt meine kostbare Zeit mit Pressen zu vergeuden. Jetzt habe ich ein Kindermädchen und eine Putzfrau und ein Au-pair-Mädchen für abends. Wir kaufen Mikrowellenkost, und es gibt ein wundervolles Spielwarenversandhaus, das alle Geschenke nach den jeweiligen psychologischen Gutachten aussucht und rechtzeitig vor den Geburtstagen abschickt, natürlich hübsch verpackt. Letztes Jahr bekamen beide Kinder Walkmans und Kassetten mit Märchen. Wenn sie besonders brav waren, kriegen sie eines von diesen Ersatzelternteilen. Das sind phantastische Profis, Therapeuten und so, die mit ihnen über ihre Probleme reden.«

»Gefällt es den Kindern, wenn alles delegiert wird?« fragte die Träumerin.

»Klar«, entgegnete die Stimme im leeren Zentrum der Kreatur, von Echos begleitet. »Wenn Verhaltensstörungen auftauchen, faxt mir die Schule, der Computer habe ihnen einen Termin beim Erziehungspsychologen gegeben. Das mobile Telefonkindermädchen programmiert ihre Lieblingsspeisen in die Mikrowelle und läßt nette Videos laufen...« Plötzlich verzerrten sich die Worte. »Moment mal – ein Problem – das Kindermädchen ist zusammengeklappt – Achtung, Funktionsstörung – Funkrufempfänger nicht kodiert – Systemfehler – Systemfehler – Achtung, Funktionsstörung...« Irgendwo schrie ein Kind.

Die Mutter 1993 erwachte frohgemut angesichts des üblichen Bügelwäschebergs, der Muttertagskarten (in der Schule gemalt und grammatikalisch falsch beschriftet), der kalten Toastscheiben und des bitteren Tees auf einem liebevoll mit Narzissen geschmückten Tablett. Und sie genoß es, die warmen kleinen Körper zu spüren, die ins Bett krochen. Sie beschloß, sich nie mehr um Perfektion, erstklassige Leistungen und effiziente Zeiteinteilung zu bemühen und statt dessen das Leben so zu nehmen, wie es ist. Und das tun wir mehr oder weniger alle.

Richtige Mütter

Da alles, was man über Kinder und das Familienleben schreibt, automatisch auch von Müttern handelt, erscheint es überflüssig, ihnen ein eigenes Kapitel zu widmen. Aber es lohnt sich, ein oder zwei Betrachtungen anzustellen. Obwohl offensichtlich niemand mehr glaubt, daß die Mutter alles am besten weiß. Obwohl Germaine Greer (diese reizende, hilfreiche Person!) einmal eine konventionelle Mutter als »das tote Herz einer Familie« bezeichnete, »das Vaters Verdienst für Konsumgüter ausgibt«. Und obwohl uns vermutlich niemand mehr versteht...

Zunächst muß man eingestehen, daß die Mutterschaft eine hochwirksame bewußtseinsverändernde Droge ist. Man muß nur mit Frauen reden, die eine Überdosis abgekriegt haben (zum Beispiel zehn Kinder), um ihren Effekt zu ermessen. Die Mutterschaft macht einen autoritär und selbstsicher, aber skeptisch, was die eigene Rolle in der Außenwelt betrifft (fragen Sie mal die armen Frauen, die ins Berufsleben zurückgekehrt sind und deren erwachsene Söhne sich von zwanzig Jahre jüngeren, viel dümmeren Mädchen in kurzen Röcken rumkommandieren lassen). Die Mutterschaft verwandelt Frauen in wilde, kühne Löwinnen, die ihre Jungen verteidigen (etwa in der zu lasch betriebenen Unfallstation eines Krankenhauses), und trotzdem leiden sie unter Schuldgefühlen, weil sie's nicht besser machen. Man ist sich der bedingungslosen Liebe seiner Kinder sicher, aber furchtbar anfällig für alle kleinen Sorgen, die sie einem bereiten. Die Mutterschaft kann einen zeitweise kaum wiedererkennbar für die älteren Freunde machen. Vielleicht gehen einem kinderlose Singles für mehrere Jahre aus dem Weg, weil man so merkwürdig geworden ist.

Relaxen Sie. Das alles ist ganz natürlich, und Sie werden drüber wegkommen. Sicher, Sie werden nie mehr so sein wie früher. Aber jeder entwickelt sich weiter, und die Mutterschaft gehört einfach zu Ihrem persönlichen Wachstumsprozeß. Die Wirkung der Droge läßt nach, während die

Kinder älter werden. Wenn das Baby drei Jahre alt ist, können Sie manchmal schon an was anderes denken. Und sobald das Kind die Schule besucht, träumen Sie vielleicht wieder von einer Karriere (selbst wenn Sie die ganze Zeit berufstätig gewesen sind, haben Sie vermutlich wie ein Autopilot fungiert; bei mir war's jedenfalls so). Wer weiß, wenn das Kind acht oder neun ist, gehen Sie abends tanzen. Und wenn es ein Teenager wird, sehen sie sich wahrscheinlich begierig nach einem interessanteren Job um, frischen alte Freundschaften auf und wagen alle möglichen Abenteuer. In dieser Phase muß man rausfinden, wohin das alles verschwunden ist.

Das Problem der Väter liegt in der Erkenntnis ihrer Vaterschaft, in der Notwendigkeit, diesem Status gerecht zu werden. Für Mütter gilt das Gegenteil – sie dürfen nicht völlig in ihrer Rolle aufgehen. Wenn Sie die eigene Identität verlieren, laufen Sie Gefahr, daß Sie versuchen werden, sie durch Ihre Kinder wiederzufinden und Ihre eigenen Ambitionen auf sie zu projizieren. »Samantha liebt ihre Musik so sehr. Ich wollte ja selber Konzertgeigerin werden, aber sie ist noch viel ehrgeiziger...«, jubelt eine Mutter, deren Tochter offensichtlich nur mit mäßiger Begeisterung Geige spielt und keineswegs plant, auf diese Weise ihren Lebensunterhalt zu verdienen. Oder noch schlimmer – Sie spornen Ihre Kinder zu bizarren Leistungen an, damit sie das unterdurchschnittliche Nachbarskind übertrumpfen. »Das Schulgeld und die Kosten für den Tennis- und Tanzunterricht haben sich wirklich gelohnt.« Natürlich schadet es nicht, so was zu bezahlen oder Musikstunden zu organisieren; es ist nur schädlich, die Individualität der Kinder zu unterdrücken und sie nach eigenen Vorstellungen zu formen, weil man insgeheim spürt, daß man ihretwegen seine Individualität und seine Ambitionen aufgegeben hat und daß ihnen deshalb recht geschieht.

Autoritäres Verhalten

Es gibt noch eine weitere beängstigende Wirkung der Mutterschaft als bewußtseinsverändernde Droge. Sie kann einen veranlassen, auch andere Leute zu bemuttern, die das gar nicht brauchen oder wollen. Zum Beispiel Ehemänner. Einige Männer lassen sich zwar gern von ihren Frauen herumkommandieren und befolgen den Befehl, warme Pullover anzuziehen oder eine Diät zu machen, aber den meisten gefällt das ganz und gar nicht. Manchmal erdulden sie es geistesabwesend, weil im allgemeinen Wirbel des Familienlebens diese Mutterperson alle Befehle im selben Ton zu erteilen scheint: »Ronnie, hol deine Pfadfinderuniform aus dem Schrank! Janey, seine Schublade klemmt, hilf ihm! Marie-Christine, haben Sie das Baby angezogen? Platz, Bonzo! Nimm deine schmutzigen Pfoten vom Sofa! Irgend jemand soll die Katze rausschmeißen! Darling, steck das Hemd in die Hose! Diese Krawatte kannst du unmöglich dazu tragen.« Viele Männer, die das jahrelang ertragen haben, sorgen plötzlich für eine Riesenüberraschung, indem sie mit einer viel jüngeren Frau davonlaufen, zum Beispiel mit ihrer Sekretärin, und alle Leute glauben, es ginge nur um Sex. Teilweise könnte es aber auch damit zusammenhängen, daß ein solcher Mann zu lange wie ein widerspenstiger Labrador oder ein Zweijähriger angefaucht wurde, aber nicht die entsprechenden Vorteile genießen durfte, den ganzen Tag mit raushängender Zunge herumzuliegen oder Geburtstagspartys mit Kerzen auf der Torte zu feiern. Und deshalb ist er einfach nur gern mit jemandem zusammen, der zu ihm aufschaut und von *ihm* Befehle entgegennimmt. Nein, nein, das ist keine Entschuldigung. Nur ein Gedanke.

Also schwingen Sie ruhig die Peitsche und halten Sie die Show in Schwung; aber verlernen Sie in Ihrer Mutterschaft nicht die Kunst, eine gute Gefährtin zu sein, ein erwachsener Mensch, mit dem man gern zusammen ist und dessen Gehirn gelegentlich über den Familienzirkus hinausreicht. Ergreifen Sie ab und zu die Flucht, gehen Sie ins Kino, verleben Sie ein Wochenende bei einer Freundin, schauen Sie sich ein Theaterstück an, das nur Sie allein interessiert. Eines Winters war ich ziemlich gestreßt und gereizt. Zufällig ergab es sich, daß ich eine Zeitlang nicht nur einen Abend pro Woche außer Haus verbringen mußte und alle restlichen daheim am Schreibtisch, sondern notgedrungen zwei Nächte – eine davon bei meiner Freundin in ihrem stillen, ordentlichen, kinderlosen Haus. Nachdem ich zehn Jahre lang geglaubt hatte, wenn meine Abwesenheit länger als vierundzwanzig Stunden dauerte, würde das Familienleben völlig zusammenbrechen, war ich nervös und besorgt und dachte, das wäre eine zusätzliche Belastung. Aber – o Wunder! Ich genoß meine zweite Nacht, die geringeren Zwänge, die weniger hektische Hin- und Herfahrerei, eine andere Gesellschaft, hin und wieder eine Party, den geruhsamen, von Kindern unbehelligten Beginn des nächsten Tages. Und natürlich ging es der Familie blendend unter dem Kommando des stellvertretenden Zirkusdirektors, des Vaters, oder eines Babysitters. Alle wurden süchtig nach minderwertigen Montagabend-Fernsehsendungen, aber das war ein geringer Preis für die Heimkehr einer entspannten, strahlenden Ehefrau und Mutter, die sehr gern wieder zu Hause war.

Ich kam auch mit einer veränderten Einstellung zu den Schwierigkeiten meiner Familie zurück. Zum Beispiel sah ich Schulprobleme, die Streitigkeiten der Kinder mit ihren Freunden oder ein berufliches Dilemma meines Mannes in vernünftiger Perspektive. Alle profitierten davon – genauso, als hätte ich etwas Anregendes, Erstaunliches oder Herausforderndes über ein neues Thema gelesen. Gestreßte, überarbeitete, außer Haus berufstätige Mütter entwickeln manchmal schreckliche Schuldgefühle, wenn sie historische Bücher lesen, im Fernsehen einen Dokumentarfilm über chinesische Medizin sehen oder mit einem besonders fesselnden Roman herumwandern. Aber solche Inspirationen können sich wohltuend auf die Art und Weise auswirken, wie sie mit der Familie reden und den Alltag organisieren. Je mehr wir von der Außenwelt sehen, je selbstbewußter wir andere Rollen übernehmen als die der Mutter, desto sicherer vertrauen wir auf unsere eigene Person, unsere Urteilskraft, unsere Ansichten. Die Mütter, die sich auf alle modischen Neuheiten im Bereich der Kinderbetreuung stürzen, gehen viel zu sehr darin auf und vergessen das restliche Leben. Heben Sie den Kopf, schauen Sie sich um und seien Sie skeptisch.

Erdrückende Liebe

Tun Sie's nicht. Diesen Rat gebe ich auch den Vätern, aber ich erörtere dieses Thema absichtlich im Kapitel über Mütter, weil sie am ehesten dazu neigen. Offen gestanden, dafür sind wir sogar berühmt. Der übertriebene Schutz, den wir unseren Kindern bieten, sogar den großen, durchaus widerstandsfähigen, ist eine moderne Epidemie. Erstens reagieren wir dank der Massenkommunikation mit jedem Tag neurotischer auf die schrecklichen Dinge, die manchen Kindern zustoßen, wenn sie nicht genügend geschützt werden – was meistens in gesellschaftlichen Randgruppen geschieht. Und zweitens vermute ich, wenn das auch eine geringere Rolle spielen dürfte, daß wir so leidenschaftliche Beschützerinstinkte entwickeln, weil wir weniger Kinder haben. Die Geburtenkontrolle hat die Durchschnittsfamilie auf vier Personen reduziert, und die Zahl der Einzelkinder wächst. Wer erinnert sich noch an den alten Spruch »So gluckenhaft wie ein Huhn mit einem einzigen Küken«? Da sehen Sie's.

Außerdem glaubt die Gesellschaft immer fester an die Gewalttätigkeit auf der Straße und an den Trend zu allgemeiner Gesetzlosigkeit, was unglücklicherweise mit dem Aufschwung von Fernsehen und Videos zusammenhängt. Natürlich will ich die tatsächlichen Gefahren nicht bagatellisieren, aber diese Tendenz führt dazu, daß viele Leute einfach nicht mehr ausgehen. Wie sich bei der letzten Untersuchung britischer Gewohnheiten herausstellte, bleiben achtzig Prozent der Bevölkerung am Feierabend lieber daheim, bei einem Curry und Videos, statt ins Kino oder Fußballstadion zu gehen. Andererseits wollen unsere Kinder raus aus dem Haus. Also würgen wir an unserem Curry und warten aufs Klingeln des Telefons, während sie sich in der grausigen Außenwelt herumtreiben. Wann immer einem Kind oder einem Teenager etwas Schreckliches widerfährt, suchen wir in der Zeitung nach der tröstlichen Information, das Opfer sei an einem Ort gewesen, wo sich unsere Sprößlinge niemals aufhalten würden, und zwar zu einer Uhrzeit, wo sie immer zu Hause sind. Wenn wir nichts dergleichen finden, verschärfen wir die Familienregeln.

Aber mit achtzehn bekommen unsere Kinder das unveräußerliche Recht, in eine Welt voll zahlloser Autos, Drogendealer, schlechter Gesellschaft, Straßenräuber, Vergewaltiger und irreführender Verkehrsschilder hinauszuziehen. Wahrscheinlich werden sie bald allein leben und nicht immer genug Geld für ein Taxi haben. So weh das auch tun mag, unsere Aufgabe, sie zu schützen, wird von der ebenso wichtigen Pflicht abgeschwächt, sie auf das Leben in der realen Welt vorzubereiten. Es reicht nicht, ihnen davon zu erzählen. Sie müssen sich mitten hineinstürzen und allen Geschossen aus eigener Kraft ausweichen. Und wenn wir ihnen ein sicheres Schlupfloch bieten, so ist das nicht nur das mindeste, was wir tun können, sondern vielleicht das Beste.

Aber wann übertreibt man den Schutz, und wann übernimmt man einfach nur die elterliche Verantwortung? Wie lang und wie locker soll die Leine sein? Im achtzehnten Jahrhundert predigten die Anhänger der Philosophen Locke und Rousseau die Doktrin der »Abhärtung« von Kindern im spartanischen Stil (so wie man Topfpflanzen widerstandsfähig macht), ließen sie auf Brettern schlafen, zogen sie bei kaltem Wetter aus und tauchten sie in eisige Bäder. In den zwanziger Jahren unseres Jahrhunderts riet ein amerikanischer Erziehungsguru namens John B. Watson den Eltern, ihr Baby in einen umzäunten Garten zu setzen und ein paar Löcher zu graben, »so daß es hinein- und herauskriechen kann. Schon kurz nach der Geburt soll es lernen, Schwierigkeiten zu überwinden, fern von Ihrem wachsamen Auge«. Immerhin erlaubte er den Leuten, ihre Kinder durch ein Fernrohr zu beobachten, wenn es unbedingt sein mußte.

Beide Autoritäten waren natürlich ein bißchen verrückt (wie die meisten von uns Schriftstellern, die sich mit Kinderbetreuung befassen; glauben Sie niemals alles, was in einem Buch wie diesem steht). Aber haben Sie nicht auch schon einmal eine Mutter beobachtet, die ihrem vergötterten ersten Kind übereifrig hilft, jedes kleine Hindernis zu bewältigen, und ihm niemals erlaubt, die Grenzen seiner eigenen Kräfte zu entdecken? Hat es Ihnen dann nicht in den Fingern gejuckt, ihre Hände von den Schalthebeln der Macht zu ziehen und den kleinen Johnny selbst herausfinden zu lassen, daß er sein Spielzeugauto nicht steuern kann, wenn er verkehrt herum einsteigt?

Unsere Hände schnellen vor und hindern Babys dran, irgendwo hinaufzuklettern, halten Kleinkinder fest, die ins Feuer zu fallen drohen. Aber oft packen wir zu bereitwillig zu, nur um kleinere Frustrationen, blaue Flecken und Rückschläge zu vermeiden. Einmal beobachtete ich in fasziniertem Entsetzen, wie ein Chirurg seinem Kind gestattete, mit einer Türangel zu spielen. Aber er erklärte, er habe genau kalkuliert, wieviel Schaden es anrichten könne – keinen allzugroßen – und es wiederholt gewarnt; nun sei es an der Zeit, einen kleineren Unfall zu riskieren. Ich weiß nicht, ob ich genauso cool reagieren könnte, aber seine Argumente klangen überzeugend.

Wenn das Kind heranwächst, beginnt ein neues Studium. Es kann seinen Apfelsaft selber ins Glas gießen, verschüttet aber ein bißchen was. Beim nächsten Mal vielleicht nicht mehr, weil es sich gemerkt hat, wieso das passiert ist. Aber möglicherweise wird es kein nächstes Mal geben, weil Sie's wieder selber machen, nachdem sich herausgestellt hat, daß Ihr Kind nicht vertrauenswürdig ist. Ihr kleiner Sohn wird auf dem Spielplatz von einem größeren Mädchen umgestoßen. Haben Sie den Nerv, in Ruhe abzuwarten, ob er zurückboxt, oder laufen Sie hin, um den Streit zu schlichten, noch ehe er richtig begonnen hat?

Die Zeit schreitet voran. Ihre Tochter schneidet schlecht bei einer Schularbeit ab, und Ihr Mutterinstinkt veranlaßt Sie, ihr einzureden, das sei nicht so schlimm. Aber dann beginnt ihre beste Freundin mit einem anderen Mädchen in einer Ecke zu tuscheln, und plötzlich merken Sie voller Panik, daß Sie Ihr Kind nicht davor schützen können. Immer mehr Unbilden tauchen auf. Im Schulbus gibt es keine Sicherheitsgurte, der Mathematiklehrer hat eine böse, sarkastische Zunge, der große Junge beschimpft den kleinen auf dem Spielplatz. Keines dieser Probleme ist ernst genug, um energisch in Angriff genommen zu werden, aber es bekümmert Sie trotzdem, mit anzusehen, wie Ihr Kind von Schicksalsschlägen heimgesucht wird, Ihr kleiner Schatz, der noch nie ohne Schutzhelm radgefahren und noch nie allein nach Hause gegangen ist und noch keinen Termin beim Zahnarzt versäumt hat. Grimmig erkennen Sie die Grenzen Ihrer Möglichkeiten, hilfreich einzugreifen.

Die bedrohlichen Teenager-Jahre beginnen. Nun merken Sie deutlicher denn je, daß Sie zwar die starke Beschützerin bleiben wollen, aber nur dazu fähig sind, wenn Sie sich zur Gefängniswärterin entwickeln. Es mag schmerzhaft offensichtlich sein, was für ein mieses Ekel Ihr Baby als Freund oder Freundin nach Hause bringt. Wagen Sie das auszusprechen? Sie kennen die widerlichen Typen, die vierzehnjährige Mädchen im Kino belästigen. Bestehen Sie trotzdem darauf, drei lebenstüchtige Teenager zu einer Kevin Costner-Saga zu begleiten, obwohl sie alle wissen, wie schrecklich Sie sich dabei langweilen? Am Samstag fahren die Freunde Ihres Sohnes mit dem Bus zum Fußballplatz. Fahren Sie ihn wirklich im Volvo hin, damit er sicher ankommt? Es ist sehr schwierig, eine theoretische Gefahr gegen überwältigende Liebe abzuwägen.

Vielleicht fällt es einem am allerschwersten, das eigene Urteilsvermögen zugunsten einer anderen Meinung auszuschalten. Angenommen, Ihr Sohn will bei einem Abenteuer-

Überlebens-Kurs mitmachen, hat aber noch keinen drei Meilen langen Familienspaziergang ohne Blasen an den Füßen durchgestanden. Wie wollen Sie ihn schützen? Hoffentlich nicht so wie die Eltern eines Vierzehnjährigen in meinem Bekanntenkreis. Sie hielten ihn vom Wandertag seines Jugendclubs fern, indem sie ihm einen Videorecorder schenkten. Denn sie dachten, das Wandern würde ihn zu sehr anstrengen (der Clubleiter war anderer Meinung), und er könnte seinen Rucksack nicht trocken und in Ordnung halten (auch diesbezüglich war der Clubleiter anderer Meinung). Solche Eltern gehören zu der beklagenswerten Sorte, die später, wenn ihr Junge mit Drogen dealt, vor Gericht beteuern: »Wir haben alles für ihn getan.« Und das sagen sie in gekränktem Ton, als würden ein eigener Fernseher und eine Privatschule dem Kind für alle Zeiten menschliche Schwächen ersparen.

Mütter – und einige Väter – wollen ihre Kinder immer ein bißchen zu sehr beschützen. Der rettende, ausgleichende Faktor ist ein heftiger Widerstand der Kinder. Das Problem – nein, der große Vorteil – liegt darin, daß sie nicht voreingenommen sind. Sie wollen etwas Neues unternehmen, Fehlschläge riskieren, Leute kennenlernen, die nicht die Meinungen der Familie vertreten. Das hängt nicht nur mit der Neugier auf das andere Geschlecht zusammen. Als Teenager erlebte ich meine interessantesten Stunden, wenn ich mich mit Fremden im Bus unterhielt, die Bügelwäsche im Obdachlosenheim erledigte oder im Hare-Krishna-Tempel irgendeinen Sinn hinter dem tranceartigen Kultlächeln suchte. Meine Brüder wurden Fallschirmspringer und entkräfteten die Einwände unserer ängstlichen Altvordern, indem sie versicherten: »Hört mal, wir selber legen auch Wert darauf, am Leben zu bleiben.« Diese Aktivitäten mißfielen meinen Eltern zweifellos, und ich selbst werde ein Nervenbündel sein, wenn meine Kinder anfangen, sich der Welt da draußen auszuliefern. Mir wird dann nichts übrig bleiben, als um Kraft und ein sachliches Urteilsvermögen zu beten.

Vielleicht erinnere ich mich dann auch an eine Millionärstochter, die ich einmal kennengelernt habe. Die Leibwächter ihres Vaters fahren sie zur Schule und holen sie wieder ab. Expeditionen in die Außenwelt darf sie nur unternehmen, wenn sie Pferdeschauen besucht, wo ihre Paradeponys ausgestellt werden. Ihre Mutter und mehrere Reitknechte begleiten sie. Vor Mitgiftjägern, Kidnappern, Vergewaltigern und anderen Schreckensgestalten des modernen Lebens ist dieses Kind tatsächlich sicher – sicher wie in einem Harem, sicher wie ein Vogel in einem goldenen Käfig.

Ich werde dann noch an ein anderes Kind denken, an einen geistig etwas zurückgebliebenen Jungen. In der fürsorglichen Obhut seiner Eltern wuchs er auf, verdiente sich hin und wieder mit untergeordneten Tätigkeiten ein Taschengeld, wurde aber ständig verhätschelt, bemitleidet und geschützt. Als er siebzehn war, starb das alte Ehepaar. Alle, die ihn kannten, hatten Angst um ihn. Doch er ertrug mit stiller Würde die Begräbnisse. Bald lebte er in einer eigenen Wohnung und nahm eine feste Stellung als Handwerker an. Seine Eltern wären so stolz auf ihn gewesen, hätten sie das miterleben können. Andererseits wäre das alles nicht geschehen, solange sie auf ihn aufgepaßt hatten. Wir müssen unsere Kinder warnen, auf die Welt vorbereiten und schützen. Aber eines Tages müssen wir sie gehen lassen.

Ein früherer Bekannter, ein Silberschmied, stellte für seine Tochter einen schlichten Anhänger her, den er ihr zum fünfzehnten Geburtstag schenkte. Darin steckten drei fest zusammengerollte Fünfzig-Pfund-Noten, zusammen eine Summe, mit der sie von fast überall mit dem Taxi nach Hause kommen konnte. Den Verschluß des Anhängers konnte sie abschrauben, wenn sie den Notgroschen brauchte, aber nur einmal. Danach mußte er repariert werden. Dadurch würde sie, so argumentierte der Silberschmied, das Geld nicht leichtsinnig ausgeben, für Kleider oder Schuhe, sondern es verwenden, um jederzeit nach Hause fahren oder sich allein in einem Hotel einquartieren zu können, wenn sie in unangenehme Gesellschaft geriet. Jetzt ist er tot und seine Tochter fast vierzig. Aber sie trägt den Anhänger immer noch. Für sie symbolisiert er ihre Freiheit ebenso wie den Schutz, den der Vater ihr geboten hat.

Mütter und Söhne

Die beste Freundin eines Jungen ist seine Mutter. Nun ja, vielleicht. Aber es schadet nicht, über die Kehrseite der Medaille nachzudenken – und sei es auch nur, um besser zu verstehen, was zwischen dem Ehemann und der Schwiegermutter vorgeht. Und was vielleicht passieren wird, wenn der süße kleine Kerl heranwächst, der sich so zutraulich an Ihre Schulter geschmiegt (schluchz!) und mit so schmeichelhafter, genüßlicher Hingabe an Ihrer Brust gesaugt hat.

Schreiben Sie das irgendwo auf, in Blockbuchstaben, und lesen Sie es immer wieder: Jungs müssen sich von ihren Müttern losreißen. Natürlich kommen sie zurück. Aber anscheinend müssen sie diesen Fluß durchqueren, um zu beweisen, daß sie Männer sind und das Weibervolk hinter sich lassen können. Deshalb werden sie für eine Weile furchtbar rüde und undankbar. Manche ändern sich nie mehr. Bernard Shaw bemerkte einmal, von allen menschlichen Kämpfen sei keiner so verräterisch und gnadenlos wie jener zwischen dem Künstler und der mütterlichen Frau. Auch andere Schriftsteller, zum Beispiel John Osborne, Dennis Potter und Colin McInnes äußerten sich über Mütter – nicht notwendigerweise über die eigenen – und wählten so harte Worte, daß man nach Luft schnappt. Somerset Maugham meinte, für einen Jungen könnten nur wenige Schicksalsschläge schlimmere Folgen haben als eine wirklich liebevolle Mutter. Und D. H. Lawrence, der melodramatische alte Kauz, klagte einmal: »Niemand kann meine Seele besitzen. Meine Mutter hatte sie und darum kann niemand mehr in mein Ich eindringen.« In der britischen Oberschicht entstand eine ganze Internatskultur, um die frühe Trennung von der gräßlichen, gesundheitsschädlichen, klammernden, entwicklungshemmenden Mummy zu sichern.

Auch im normalen Familienleben können die nettesten Jungs ihre Mutter plötzlich sehr unfreundlich behandeln. »Hör mal, Mum, ich bin jetzt zehn und kann auf mich selber aufpassen.« Mummies, die dumm genug sind, weiterhin ins Badezimmer zu kommen und in die Ohren ihrer Söhne zu spähen, obwohl das unerwünscht ist, schneiden sich ins eigene Fleisch. Aber wenn ein Junge die Liebe seiner Mutter auch ablehnt – er braucht sie dringend. Das einzige, was diesem Dilemma abzuhelfen scheint, ist Humor, und zwar von Anfang an: Übertreiben Sie, posieren Sie als alberne alte Mummy, gestatten Sie Ihrem Sohn, sich stark und überlegen zu fühlen.

Mein Sohn und ich amüsieren uns schon lange über eine komische Phantasiegeschichte. Wir malten uns aus, er wäre Astronaut, Aufsichtsratsvorsitzender bei ICI oder Premierminister geworden, und ich würde im Stil einer besorgten jüdischen Mama in sein Raumschiff oder in den Konferenzraum stürmen und jammern: »Bist du auch wirklich warm angezogen, mein Kleiner? Ich habe dir eine Wärmflasche für deine armen Nieren mitgebracht.« Die extreme Absurdität dieser Szene schien ihn zu erheitern, seit die mannhaften Ambitionen zum erstenmal ernsthaft auftauchten, kurz nach seinem siebenten Geburtstag. Offenbar glaubt er, wenn ich einsehe, daß ich einen Premierminister nicht lächerlich machen darf, würde ich vielleicht auch genug Taktgefühl besitzen und ihn vor seinen Schulfreunden nicht küssen.

Aber wenn der Junge verlangt, Sie sollen sich in einen schützenden, weisen Fels in der Brandung zurückverwandeln – tun Sie's.

Mütter und Töchter

Wie ich gemeinsam mit anderen Müttern schuldbewußt erkannt habe, besteht die Gefahr, daß man kleine Mädchen von Anfang an strenger behandelt. Ein Junge ist ein fremdartiges Wunder, aus dem mütterlichen Körper hervorgegangen, in einem Mädchen findet man sich selbst wieder. Und weil man hart zu sich selbst ist, erwartet man von einer Tochter viel mehr. Man kann beobachten, daß kleine Mädchen (wenn sie nicht von ihren Daddys vergöttert werden) weniger heulen und Ärger machen als ihre vermeintlich widerstandsfähigeren Macho-Brüder. Vielleicht, weil die Mütter ihren Töchtern so ein Benehmen einfach nicht erlauben.

Wenn die kleinen Mädchen heranwachsen, müssen die Mütter ihnen viel Freiraum gönnen. Trotz der trügerischen Identifizierungsgefühle – Ihre Tochter ist nicht Sie selber. Mögen Sie auch eine kokette Schönheit gewesen sein – es ist ihr gutes Recht, eine solide, seriöse, ambitionierte Tierärztin mit dicken Beinen zu werden. Oder wenn Sie eine brillante Akademikerin sind, entwickelt sich Ihre Tochter vielleicht zu einem temperamentvollen Partygirl oder zu einem unscheinbaren kleinen Ding, das Kindermädchen werden möchte. Lassen Sie sie in Ruhe, genießen Sie es, daß sie anders ist als Sie. Und seien Sie nicht neidisch. Sicher, heutzutage haben die Mädchen viel mehr Spaß und bessere Möglichkeiten als wir in unserer Jugend. Dies ist das Verdienst *unserer* Frauengeneration, und wir sollten es unseren Töchtern nicht mißgönnen, so undankbar die kleinen Biester sich manchmal auch aufführen.

6. Who's who – Die Kinder

Im Lauf der Geschichte resultierten die schlimmsten Exzesse der Elternschaft aus der fatalen Ansicht Erwachsener, Kinder wären eher ihr Eigentum als menschliche Wesen. Sicher, dadurch wurden sie sorgsam gehütet, aber es kam auch zu ungeheuerlichen Brutalitäten, weil Macht zur Korruption neigt. Über manche Auswirkungen der modernen Gesetzgebung im Zusammenhang mit Kindern mögen wir lächeln oder stöhnen – zum Beispiel über die kürzlich geäußerte Warnung einer bedeutenden britischen Lehrergewerkschaft. Ein Lehrer, der ein schwieriges Kind in der Schule anschreie, solle wegen »seelischer Grausamkeit« strafrechtlich verfolgt werden. Aber das alles ist besser als eine Situation, wo Erwachsene nach Lust und Laune oder im Einklang mit gesellschaftlichen Normen ihre Kinder mißhandeln können.

Wenn Sie aufschlußreiche Beweise für die Anfälligkeit des gesunden, vernünftigen Mutterinstinkts haben wollen, erforschen Sie die Geschichte. Zu gewissen Zeiten ließen sich die Mütter von der Gesellschaft viel zu leicht veranlassen, schreckliche Dinge zu tun, und glaubten sogar, dafür gäbe es gute Gründe. Im Mittelalter und auch später starben viele Kinder schon im zartesten Alter, weil sie unbarmherzig gezüchtigt wurden. Die repressiven Tendenzen des Christentums weckten in den Müttern die Angst, ihre Kinder würden in der Hölle landen, wenn man die Sünde nicht aus ihnen herausprügelte. Im achtzehnten Jahrhundert beklagte sich eine Mutter bitter und schrieb: »Ich habe Schmerzen im Rücken. Als ich Susan heute schlug, wehrte sie sich so heftig, daß ich mich verrenkte.« Die Frauen wickelten ihre Babys ganz fest ein, damit die Glieder nicht krumm wurden. Daß die Krümmungen durch Rachitis entstanden und die festen Bandagen Hüftluxationen hervorrufen konnten, wußten sie nicht. John Evelyn, ein Chronist des siebzehnten Jahrhunderts, berichtete von seiner zweijährigen Nichte, die von einem eisernen Leibchen erdrückt worden war. Viktorianische Mütter fanden es »tierisch« und würdelos, wenn ihre Kleinkinder umherkrabbelten. Und so wurden die Baby mittels spezieller Geräte qualvoll zur aufrechten Haltung gezwungen, ob es ihnen gefiel oder nicht. Wenn Kinder masturbierten, fesselte man ihnen die Hände auf den Rücken, wenn sie nicht geradegingen, wurde ein Brett an ihre Wirbelsäule gebunden. Die Sammler solcher schlimmen Kuriositäten können Ihnen giftige Abführmittel zeigen, tödliche Opiate wie »Mutter Baileys beruhigenden Sirup« und beängstigende Bücher wie *Der erfreuliche Tod kleiner Kinder*.

Sally Kevill-Davies, eine Pfarrersfrau in Hertfordshire, führte mir ihre Sammlung dieser schrecklichen Dinge vor und gelangte zu einer Schlußfolgerung, die ich niemals vergesse. »Ich glaube, es gibt keinen Mutterinstinkt«, bemerkte sie traurig. »Was die Kinderbetreuung betrifft, so ist es eine ironische, deprimierende Tatsache, daß Ignoranz, Aberglaube und falsche Argumente immer wieder über den Instinkt und die Vernunft triumphiert haben.«

Auch heute gehorchen wir der Wissenschaft und stellen sie über den Instinkt (warum würden wir sonst ein gesundes Baby einer Schutzimpfung aussetzen, die ihm, wenn auch nur vorübergehend, Unbehagen bereitet?). Wie können wir über medizinische Greuel früherer Zeitalter die Nase rümpfen (beruhigendes Opium unter Babyfingernägeln, feste Nahrung, zur Bekämpfung des Durchfalls in die Münder Neugeborener gestopft), wenn es noch gar nicht so lange her ist, daß die Eltern ihren Kindern vorbeugend die Mandeln entfernen ließen (oder den Blinddarm, bevor sie die Kinder ins Internat schickten, um dann einen ungestörten Urlaub zu verbringen)? Wie können wir uns über den Laudanum-

Sirup des neunzehnten Jahrhunderts entrüsten, wenn die Wirkung gewisser Chemikalien in den Matratzen von Kinderbetten immer noch ungeklärt ist?

Heutzutage lachen wir vielleicht über gesellschaftliche Albernheiten früherer Generationen, die Ammen beschäftigten, Bananen verbannten, weil sie den sexuellen Appetit womöglich übermäßig stimulierten, oder die Nasen kleiner Mädchen in Eisenklammern steckten, um die Form zu korrigieren. Aber wie werden künftige Generationen über moderne Exzentrizitäten denken, zum Beispiel die angeblich entwicklungsfördernde konstante Stimulation Neugeborener oder die »Erziehung im Mutterleib« mit Hilfe von Tonbändern? Über den britischen Internatswahn, der viele Kinder schon in jungen Jahren peinigt, oder über den amerikanischen Zahnspangenkult, dem während der ganzen Pubertät gefrönt wird, im eifrigen Streben nach einem vollkommenen, strahlend weißen Lächeln? Schon immer wurden Kinder grausam behandelt, im Namen der Frömmigkeit, der Wissenschaft oder gesellschaftlicher Konventionen, und wahrscheinlich wird es auch immer so sein.

Also sollte man die Erziehung auf ein Minimum beschränken. Vielleicht wird ein möglichst geringer elterlicher Einfluß die Zukunft prägen. Wahrscheinlich nicht in dem Ausmaß, wie Rousseau es predigte, indem man die Kinder das Überleben in der Wildnis lernen läßt und ihnen keine Tischmanieren beibringt – aber es wäre sicher besser, wenn wir uns nicht mehr so sehr in die kindliche Entwicklung einmischen würden, wie es seit ein paar Jahren Mode ist.

Manchmal erwecken die Medien den Eindruck, die halbe westliche Welt würde aus einer notleidenden Unterschicht bestehen, die ihre Kinder unbeaufsichtigt durch die Straßen laufen, randalieren und über alte Damen herfallen läßt, während die andere Hälfte ihrer Nachkommenschaft hektisch in Autos verfrachtet, vom Erziehungspsychologen zur Geigenstunde bringt und nur innehält, um noch mehr Videos und Computerspiele zu kaufen, damit sich die Kleinen nicht langweilen.

Das ist natürlich Unsinn. Ich kenne sehr viele vernünftige, pragmatisch eingestellte Eltern. Und die meisten beschränken ihre Einflußnahme auf ein Minimum. Insbesondere, seit die Rezession einen Großteil der Leute – vor allem die leichtgläubige Mittelschicht – zwingt, weniger Geld für alberne Dinge auszugeben. Wunderbarerweise lenkt sie unsere Gedanken auf das Wesentliche. Man muß Kinder ernähren und kleiden, möglichst oft mit ihnen sprechen, sie vor Übeltätern und Giften schützen und ihnen die Gelegenheit bieten, zu spielen und zu lesen und die Welt der Erwachsenen zu beobachten.

Natürlich muß man sie auch erziehen, ihnen das Wissen übermitteln, das ihre Gesellschaft sich angeeignet hat, und sie ermutigen, diese Kenntnisse weiterzuentwickeln. Man muß sie lieben, schätzen und lehren, ihre eigene Liebe der Familie und den Freunden zu schenken. Das genügt vollkommen. Man braucht keine Methoden, um die Entwicklung eines Babys voranzutreiben, keinen gesellschaftlichen Drill, keine pingeligen Vorschriften, was die Kleidung betrifft, kein häßliches Wettbewerbsdenken. Kinder sind keine Federn auf den Hüten ihrer Eltern. Und die meisten Eltern wissen das sehr gut.

Aber sie sind auch keine Miniatur-Erwachsenen, die genau dieselben Rechte und Freiheiten besitzen wir ihre Eltern. Sie haben andere Rechte, so wie die bereits erwähnten; und in manchen Bereichen sind ihre Rechte ebenso begrenzt wie ihre Fähigkeiten. Ein Baby hat nicht das Recht, ins Kaminfeuer zu kriechen, ein Teenager darf nicht die ganze Nacht wegbleiben, um im knallengen Lederkleid per Anhalter herumzufahren.

Manche Eltern vergessen, daß sie Eltern sind, aus verschiedenen Gründen. Vielleicht möchten sie statt dessen die »besten Freunde« ihrer Kinder sein. Das kommt häufig bei alleinerziehenden Müttern oder Vätern vor. Sie sehnen sich nach der Gesellschaft eines Erwachsenen, und so bürden sie ihren Kindern, wenn auch in bester Absicht, zuviel Verantwortung und Freiheit auf (meistens sind es Einzelkinder, die so behandelt werden). Oder gewisse Eltern wollen sich nicht wie Eltern verhalten, weil sie niemals aufgehört haben, Kinder zu sein. (Wer hat noch nie einen Vater schmollen sehen, weil sein Sohn nicht mit ihm spielen wollte? Oder eine Mutter, die ihre Tochter um die unbeschwerten Nächte auf dummen Teenagerpartys beneidet?)

Was wollen sie?

Vor zwei Jahren interviewte ich meinen achtjährigen Sohn und meine sechsjährige Tochter und fragte, was genau sie vom Familienleben erwarteten. Das war sehr aufschlußreich:

Ich: Was glaubt ihr, wozu Mütter und Väter da sind?

Mein Sohn: Sie passen auf die Kinder auf und trainieren sie.

Ich: Also, das Wort »trainieren« gefällt mir nicht. Man kann Menschen doch nicht so trainieren wie Hunde, oder? Sicher, man kann es versuchen, aber das führt meistens nur zu Geschrei und Ärger. Man muß Kinder beschützen und ihnen Sachen geben, mit denen sie sich beschäftigen und über die sie nachdenken können, und man muß ihnen zeigen, wie man sich ordentlich benimmt...

Meine Tochter: Und man muß ihnen genug zu essen geben. Jetzt wird's Zeit fürs Abendbrot.

Ich: Nein, noch nicht. Und außerdem...

Meine Tochter: Und man muß den Kindern verbieten, häßlich zu reden und garstige Gedichte aufzusagen. Ich glaube, garstige Gedichte sind sehr schlimm. Da gibt's ein ganz besonders schlimmes, und das geht so: »Der alte King Cole trieb's besonders toll...«

Ich (unterbreche sie hastig): Ja, ja. Manche Eltern machen sich große Sorgen über schmutzige Wörter...

Meine Tochter (fährt ungerührt fort): »Das Klo war verstopft und das Spülbecken auch...« *(beendet den Vers, für respektablen Verleger nicht druckreif).* Ja, das ist furchtbar schlimm. Ich finde, so was darf man nicht erlauben. Und ich kenne sogar ein noch schlimmeres Gedicht...

Mein Sohn: Die Eltern müssen Brüdern und Schwestern verbieten, miteinander zu streiten und sich zu prügeln. Eine Mummy muß ihre Kinder beruhigen.

Ich: Und wie?

Mein Sohn: Das weiß ich nicht. Vielleicht muß sie die Kinder anschreien. Hast du manchmal das Gefühl, daß du die Leute in deinen Büchern und in deiner Familie zu sehr herumkommandierst?

Ich: Ja, immer. Aber Mütter neigen nun mal dazu, andere Leute herumzukommandieren.

Meine Tochter: So wie die Lehrerinnen in der Schulpause. Die lassen uns gar nicht richtig spielen. Dagegen müßte es ein Gesetz geben.

Mein Sohn: Ich finde es unfair, wenn Eltern Bücher lesen, damit sie lernen, wie sie ihr Kind heimlich bessern können, wie einen Kaktus in einem Blumentopf. Wenn Kinder rumtoben und den ganzen Tag Videos sehen wollen, ist das ihre eigene Sache. Und wenn sie vernünftig und manierlich aufwachsen wollen, sollen sie das tun. Kinder können doch selber bestimmen, ob sie nett sein wollen oder nicht.

Meine Tochter: Aber sie müssen auf jeden Fall richtig zu essen kriegen. Und zwar rechtzeitig.

Also ging ich erst mal in die Küche. Übrigens hatte mein Sohn den Nagel auf den Kopf getroffen. Kinder sollten tatsächlich selbst entscheiden, zumindest teilweise, ob sie »vernünftig und manierlich« aufwachsen wollen – eine interessante Wortwahl, nicht meine, sondern seine, irgendwo aufgeschnappt. Diese Formulierung läßt immerhin darauf schließen, daß er die Gelegenheit hatte, andere Leute zu beobachten, die sich vernünftig und manierlich benahmen.

Und freundlich und versöhnlich und entspannt. Kinder brauchen vor allem Beispiele, die ihnen die Familie gibt. Darauf sind sie auch in der Schule angewiesen, in der Obhut von Babysittern, in der Nachbarschaft, in der ganzen Gesellschaft, die sich im Fernsehen widerspiegelt. Aber was sie benötigen, bekommen sie nicht immer.

7. Trautes Heim, Glück allein?

Als ich den fünfziger Jahren aufwuchs, erschienen in allen Frauenzeitschriften Geschichten über glückliche Hausfrauen. Wahrscheinlich war das eine Reaktion auf die Kriegsjahre, wo so viele Frauen in Fabriken oder für die Army arbeiten mußten, in Baracken oder auf Bauernhöfen wohnten und sich fragten, ob ihre Männer jemals wieder nach Hause kommen würden. Aber diese Geschichten entwickelten sich allmählich zu einer Art Softporno, einer bewußten Anregung der Nestbau-Instinkte. »Zufrieden sang Laura vor sich hin, während sie in ihrer hübschen, ordentlichen kleinen Küche arbeitete. Sie freute sich, weil die roten Vorhänge so fröhlich im Sonnenlicht schimmerten, und stellte liebevoll die funkelnagelneuen Teller auf den Tisch, den sie zusammen mit Ronnie ausgesucht hatte...«

Laura war wunschlos glücklich in ihrem Heim, obwohl natürlich kleine Probleme auftauchten, um die Story ein bißchen zu dramatisieren. Zum Beispiel sorgte sie sich, weil Ronnie etwas geistesabwesend wirkte, oder sie überlegte, ob sie zuviel Geld für die Möbelschoner ausgegeben hatte. Solche Probleme wurden immer gelöst, aber nicht, indem sie mit Ronnie spazierenging oder in Urlaub fuhr, sondern innerhalb der eigenen vier Wände. Eine Umarmung beendete die Geschichte, meistens von einer weiteren anregenden Beschreibung der »hellen modernen Tapete« begleitet, die Ronnies mannhaften Kopf umrahmte, oder des Kamingitters aus Messing, das angesichts der ehelichen Wonnen freundlich glänzte.

Nachdem ich mit diesem Unsinn aufgewachsen war, entwickelte ich hartnäckige Gewissensbisse, weil ich mich nicht so rückhaltlos für mein Nest begeistern konnte wie Laura. Eine Zeitlang üben fröhliche Vorhänge und schimmerndes Messing auch auf mich einen gewissen Reiz aus, aber der Glanz verblaßt sehr schnell, sobald ich das Gefühl habe, ich wäre ans Haus gefesselt. Wie eine Umfrage bei Freundinnen aller Altersstufen ergab, finden erstaunlich viele – Berufstätige ebenso wie Hausfrauen – das häusliche Leben eher langweilig. An dieser Stelle will ich gestehen, daß ich während des Sommers manchmal im Garten schlafe, in einem kleinen Schuppen auf Rädern. Diese Schäferhütte wird auf unserer Farm in der Lammungszeit benutzt und parkt ansonsten auf dem Rasen. Das ist einfach wundervoll, ein kurzer Campingurlaub. In dem Schuppen gibt's nicht viel außer einem Klappbett und einer Laterne und mich und meinem Taschenbuch. Morgens erwache ich in einer anderen Welt, höre nicht den Boiler summen, sondern die Vögel zwitschern und gehe nur widerstrebend mit nackten Füßen durchs feuchte Gras zur Küche.

Dieser Augenblick erschreckt mich immer wieder. Manchmal glaubt man, im Heim der eigenen Familie zu ersticken. Wohin man auch schaut, überall ist was zu tun. Vorhänge müssen gesäumt, Briefe beantwortet, Socken zusammengesucht werden. Muffige Sweatshirts liegen herum. Man muß auf telefonische Nachrichten reagieren, komplizierte Schriftstücke aus der Schule lesen. Hinter dem Sofa hat der entlaufene Hamster eine kostbare Briefmarkensammlung gefressen. In der Spüle häufen sich gebrauchte Teebeutel. Seit achtzehn Monaten sollen Bilder aufgehängt werden. Kaum ein Zimmer im Haus, wo kein himmelschreiendes Chaos herrscht... An einem solchem Morgen muß man sich eisern beherrschen, um nicht kehrtzumachen und in die hübsche kleine Hütte zurückzufliehen.

Eine meiner Freundinnen, eine Mutter von vier Kindern, liebt ihren Urlaub in Center Parcs, obwohl sie sich in einem Ferienhaus selbst versorgen müssen. »Es ist eine reine Freude«, erklärt sie, »nur jeweils sechs Messer, Gabeln, Löffeln, Tassen und Teller zu haben, sonst nichts – genau das, was man braucht. Nichts liegt herum, alles ist sauber und ordentlich.«

Durcheinander

Das Durcheinander zählt zu den schlimmsten Feinden der Häuslichkeit. Wenn Sie es hassen, irgendwas zu verschwenden, und glauben, dies oder jenes könnten Sie eines Tages wieder brauchen, werden sich in Ihren Küchenschubladen bald halbvolle Kleistertuben, Pingpongbälle, Fotorahmen aus Pappe und Eieranstecher häufen. Außerdem sammeln sich Kartons voll ausrangierter Kleider, die Sie zum Flohmarkt bringen wollen, einzelne Schuhe, die man nicht wegwerfen kann, weil das eine Schande wäre, Kacheln mit scheußlichem Muster usw. Wenn Sie sentimental sind, werden Sie sich von keinem einzigen der Kunstwerke trennen, die Ihre Kinder aus dem Kindergarten heimbringen. Die meisten sind groß und unhandlich geformt, und nach etwa fünf Jahren erscheint es sinnlos, sie noch länger zu verwahren. Der merkwürdige Eierbehälter in Entenform, der auf dem Kühlschrank steht, ist gerade noch akzeptabel – der Schuhkarton, aus dem angeknabberte Strohhalme ragen und der einen Mähdrescher darstellen soll, nach einiger Zeit nur noch Mist. Vertrauter und geliebter Mist, aber er gehört in den Abfalleimer.

Wenn Sie ein mütterlicher Typ sind, werden Sie alle alten Babysachen aufheben, für alle Fälle. Und wenn Sie Familiensinn besitzen, werden Sie gräßliche große Müllsäcke voller Kinderkleidung horten, bis das Baby Ihrer Schwägerin groß genug ist und bis Sie ihr das ganze Zeug aufzwingen können, ob sie's will oder nicht. Ich kenne eine Frau, die von ihrer Schwägerin mit so viel altem Plunder bombardiert wurde, daß sie vor lauter Verzweiflung beschloß, ein Rundsofa damit auszustopfen. Sicher wird es eines Tages während eines Familientreffens platzen, Jeans und Pullover werden herausquellen, und dann dürfte sich eine sehr,

sehr unangenehme Szene abspielen. Und wenn Sie, so wie ich, ständig die Kleidergröße wechseln, besitzen Sie wahrscheinlich riesige Körbe und Schränke voller Sachen, die aus der Mode gekommen sind und Ihnen a) eines Tages wieder passen und b) irgendwann noch mal modern werden könnten. Sollte ich dieses Jahr fünfundzwanzig Pfund abnehmen und psychedelische Wahnsinnshosen nach zwanzig Jahren ihre modische Wiederauferstehung feiern – ich bin bereit.

Ein gewisses Durcheinander ist nur das Symptom eines gesunden, vielfältigen, ungezwungenen Familienlebens. Untadelige Ordnung in einem Haus, wo Kinder leben, erscheint mir beängstigend. Solche Kinder sind meistens TV-süchtig, und die Eltern kaufen ihnen Computerspiele, weil die keine Unordnung verursachen. So was finde ich unheimlich. Aber das Chaos kann auch bedrohlich und bedrückend werden. Je größer das Haus, desto schlimmer das Problem... Bei Bewohnern kleinerer Häuser siegt letztlich die Vernunft über die Sentimentalität, und sie rufen Altwarenhändler an, um das ganze Zeug abholen zu lassen. Aber ein großes Haus schluckt Unmengen, bis es wie alle kritiklosen Vielfraße ungesund und deprimierend wirkt und einen schädlichen Einfluß ausübt. Erinnern Sie mich daran, daß ich Ihnen irgendwann mal meinen Schrank unter der Treppe zeige.

Eine Mutter – die Hüterin der Ordnung im Familienleben – kann das Problem auf zwei Arten lösen (setzen Sie »Vater« an die Stelle von »Mutter«, wenn Sie einen solchen Mann im Haus haben). Entweder verpflichtet sie (er) alle Familienmitglieder zur Mithilfe bei der Entscheidung, was weggeworfen werden soll. Oder sie (er) erledigt das heimlich, während die anderen weg sind, und streitet später alles ab. Wenn Sie die letztere skrupellose Methode wählen, müssen Sie sich wappnen und Schmerzenschreie ignorieren wie »Wo ist der abgebrochene Teil meines Spielzeugtraktors, mit dem ich die Ecke meiner Lego-Festung abgestützt habe?« Oder: »Wo ist meine Tarnjacke? Die habe ich so geliebt! Sie muß gestohlen worden sein!«

Aber seien Sie konsequent. Man würde Sie der Günstlingswirtschaft bezichtigen, wenn Sie den geheiligten Pappkarton eines Kindes in den Mülleimer werfen und die Seestern-Sammlung eines anderen verschonen – oder wenn Sie die hochgeschätzte Jogginghose eines Zehnjährigen (die seit zwei Jahren nur mehr bis zu den Schienbeinen reicht) zerreißen, aber das widerliche zerschlissene Heavy Metal-T-Shirt des Teenager-Bruders nicht anzurühren wagen. Und wenn Vaters Golfschläger in der Diele und Mummys Hometrainer auf dem Treppenabsatz weiterleben dürfen, warum muß dann Jimmys ebenso heißgeliebter Kricketschläger in den Spielzeugschrank geschleudert werden?

Noch ein letztes Wort zum Durcheinander. Nachdem ich die vorangegangenen Abschnitte geschrieben hatte, war es spätabends, und ich ging zu Bett. Ein böser Traum suchte mich heim. Wir hatten das Haus verkauft, zwischen einem Donnerstag und einem Samstag, und zogen in eine hübsche, ordentliche, fertig eingerichtete Wohnung am Meer. In meinem Traum wanderte ich entmutigt umher und klagte: »Da gibt's keinen Extratisch, den wir bei Familienpartys neben den Küchentisch stellen können... Wo sind all die alten Stofftiere, Mr. Otter und der blaue Löwe? Und was machen wir im Winter mit den Schwimmwesten und Segeltaschen? Wo ist mein Weihnachtsvorrat an exzentrischen teuren Spielsachen? Kein Dachboden! Hilfe! Schnell, ein paar große Kartons!« Meines Durcheinanders beraubt, erwachte ich entsetzt und schweißgebadet und sah ringsum die vertrauten, tröstlichen Haufen und Bündel und überquellenden Schränke meines Familienlebens. Ich glaube, zu dem gehört das Chaos nun einmal, genauso wie die schönen Erinnerungen. Wenn Sie derselben Meinung sind, gebe ich Ihnen einen guten Rat. Heiraten Sie *keinen* allzu peniblen Mann. Und wenn's unbedingt sein muß, richten Sie sich getrennte Wohnzimmer ein.

Falls Sie also die ständig wechselnde, wandernde Masse von Gegenständen bewältigen wollen, die eine Familie umgeben, bedenken Sie zweierlei. Anspruchsvolle, strenge Eltern sollten sich klarmachen, daß das Familienleben kein Exerzierplatz und keine Schule für Zeiteinteilung ist. Und lässige, verträumte Hippie-Eltern sollten sich immer wieder sagen, eigentlich müßte es doch so sein. Mit anderen Worten, seien Sie unbarmherzige Manager und Feldwebel, wenn's um Fahrräder und Kricketschläger geht, die an Sommerabenden unter Dach und Fach gehören, um schmutzige Kleider, die im Wäschekorb landen, um saubere, die vom Bügelbrett genommen werden müssen. Aber seien Sie mütterlich und väterlich genug, um diese Dinge nicht über die Liebe zu stellen, über Mitgefühl, Toleranz und familiäres Gelächter.

Doch ich fürchte, wenn Sie dieses letzte Ziel verfolgen, wird es bei Ihnen zu Hause bald so aussehen wie bei mir.

Umzug

Das ist, nach einer Feuersbrunst, die beste Möglichkeit, das Durcheinander loszuwerden. Sobald wir das ganze Zeug in großen Kartons gesehen haben, im grellen Tageslicht, sind auch die hartnäckigsten von uns Hamstern bereit, sich von einigen Sachen für immer zu trennen.

Andererseits ist ein Umzug ein schwerer Schock, wenn man eine Familie hat. Als Single oder kinderloses Ehepaar ergeht man sich ein paar Sekunden lang in sentimentaler Rückschau, dann setzt man fröhlich seinen Weg fort, sorgt sich nur noch um feuchte Räume, Bauarbeiter, Wandtäfelungen und Küchenzeilen. Die Elternschaft ändert das alles. Wenn Sie mir noch nicht glauben, warten Sie, bis Sie das Haus verlassen müssen, in das Sie ihr erstes Baby gebracht haben, um dann durch schlaflose Nächte zu stolpern, eine Säuglingstragetasche umherzuschleppen, die ersten Schritte dieser dicken Beinchen zu beobachten, die großen Augen beim Anblick des ersten Weihnachtsbaums. Warten Sie nur, Sie werden's schon merken, daß Sie's beinahe als Pornographie empfinden werden, das alles zu verkaufen, mit Maklern und Interessenten zu feilschen. So als würden Sie Ihre Tochter auf die Straße setzen. Sie liefern etwas ganz Privates der öffentlichen Finanzwelt aus. Allein schon die Broschüre des Immobilienmaklers gleicht dem rotbemalten Mund einer Hure, der Kaufvertrag erscheint Ihnen wie Hochverrat. Der Wert eines Hauses, das von Kindern bewohnt wird, steigt viel schneller, als wären nur Erwachsene drin gewesen.

Und warten Sie, bis Sie ein letztes Mal durch die Räume gehen, nachdem die Männer von der Spedition verschwunden sind, bis Sie den alten Stoffhasen hinter der Heizung finden. Schnüffel, Schnüffel. Sogar hartgesottene Daddys werden in solchen Augenblicken rührselig. Selbst wenn Sie alle den Umzug herbeigesehnt und sich auf das neue Leben in einem viel schöneren Heim freuen – es tut weh.

Im Trubel der Übersiedlung vergißt man leicht, daß es die Kinder wahrscheinlich noch viel schmerzlicher trifft – was immer sie behaupten mögen, so gern sie auch umziehen wollen. Unser erster Familienumzug betraf nur die Erwachsenen, weil Nicholas noch zu klein war, um irgendwas mitzukriegen. Beim zweiten, acht Jahre später, gab's Schwierigkeiten. Beide Kinder wußten, daß sie ihre Sachen mitnehmen, weiterhin dieselbe Schule besuchen konnten und sich nicht von ihren Freunden trennen mußten. Aber: »Den Kamin packen wir nicht ein, was? Nie wieder am Feuer sitzen... Und der Deckenbalken in meinem Schlafzimmer, der wie ein Schiff aussieht? Hängen wir meinen Vorhang auch im neuen Zimmer auf, damit jeden Morgen die Somme durchscheint? Hat das neue Bad die gleichen Kratzer wie das alte?« Wenn man in ein größeres, schöneres Haus übersiedelt, siegt erst einmal die Abenteuerlust. Aber wenn das neue Heim und die Nachbarschaft nicht hübsch sind, brauchen die Kinder Trost. So wie Sie selber.

Bei meinem unerfreulichsten Umzug – der auch die Kinder am meisten aufstörte – half mir eine BBC-Fernsehserie. Ein kleines Mädchen namens Cristina wurde aus der gewalttätigen Atmosphäre eines brasilianischen Elendsviertels in ein Waisenhaus gebracht. Sie nahm ihren blauen Stoffhasen und ihre zwei kostbaren Puppen mit. Im sauberen, sterilen Lor-Betel-Heim betreute sie gewissenhaft ihre drei jüngeren Brüder und deren Schätze. Jeden Morgen setzte sie die Puppen auf ihr Bett, immer an denselben Platz. Mit Hilfe dieser kleinen Pflichten und Ikonen schuf sich Cristina für ein Jahr ein neues Zuhause. Dann folgten ihr die Kameras zur Farm des Waisenhauses, die siebzig Meilen außerhalb der Stadt lag. Dort traten die älteren Kinder den harten, arbeitsreichen Weg in die Welt der Erwachsenen an. Von ihren beiden jüngsten Brüdern und der vertrauten großstädtischen Umgebung mußte Cristina sich verabschieden. Sie packte den Stoffhasen ein, die zwei Puppen, ein Kleid zum Wechseln, die Zahnbürste, und das war's. Im Bus sang sie sogar. Sechs Stunden später packte sie ihre wenigen Habseligkeiten wieder aus und arrangierte sie mit abergläubischer Sorgfalt auf ihrem neuen Bett. In derselben Anordnung wie eh und je. So begann sie ihr neues Leben, und mit der Zeit fühlte sie sich zufrieden.

Dieses tapfere kleine Mädchen aus einer fremden Welt, dessen Schicksal ich auf dem Bildschirm verfolgte, führte mir vor Augen, wie widerstandsfähig Kinder auf einen Wohnungswechsel reagieren – vorausgesetzt, ihr Eigentum (Wasserpistolen, Porzellanhunde und Stofftiere) wird respektiert. Cristina veranlaßte mich, im Chaos der Übersiedlung sorgsamer mit den Sachen meiner Kinder umzugehen und verrückte Theorien über den Standort des Betts und die weitere Verwendung der alten Vorhänge, die nicht ins neue Zimmer paßten, etwas einfühlsamer zu erwägen.

Beiläufig erzählten mir die Spediteure, es sei komisch, daß die Leute ihre Wohnzimmermöbel immer genauso aufstellen wollen wie im früheren Haus – auch wenn dieses Arrangement im anders geschnittenen Raum unpraktisch erscheint. Aber da wir gewisse abergläubische Gefühle für häusliche Gegenstände haben – warum sollten wir nicht darin schwelgen. Und ein abgewetzter alter Sessel darf kein Streitobjekt werden, ebensowenig wie ein Pony-Poster mit Eselsohren. Wenn Sie in ein neues, frischgestrichenes Heim ziehen und Ihren Kindern erlauben, ihre ureigensten Ecken genauso chaotisch zu gestalten wie im alten, so ist das kein Zeichen von schlechter Haushaltsführung, sondern von Liebe.

Und Kinder sind viel netter, als wir glauben. Die elfjährige Tochter und der dreizehnjährige Sohn eines Ehepaars, das sich scheiden ließ, mußten einen großen Garten, eine Schaukel am Maulbeerbaum, verwilderte Beerensträucher und ein Baumhaus verlassen, um in eine Stadtwohnung zu ziehen. Das gefiel ihnen ganz und gar nicht, obwohl man ihnen einredete, nun würden sie näher bei ihrer Schule und ihren Freunden wohnen und die neue Umgebung eigne sich viel besser für ihr beginnendes Teenager-Leben. Trotzdem schmollten sie.

Aber wie die Mutter berichtet, kam das Mädchen zwei Tage vor dem Umzug mit einer Bitte zu ihr. Die Tochter wußte, daß die neuen Bewohner zwei kleine Kinder hatten, und wollte ihnen einen Brief hinterlassen, mit genauen Angaben über die interessantesten Plätze in Haus und Garten, die geheimen Schlupfwinkel, mit denen sie aufgewachsen war. Ihr Bruder beschloß, mitzumachen, und so verfaßten sie gemeinsam eine Art Testament, vermachten all die alten Freuden der nächsten Generation. Das beschäftigte sie während der letzten beiden Tage, und sie stürzten sich mit erstaunlichem Eifer in ihre Aufgabe. Weinend fotokopierte die Mutter den Brief, ehe sie ihn für die neue Familie hinterlegte – so kostbar erschien ihr das Dokument. Und obwohl sie die Scheidung nicht wollte und eine gewisse Bitterkeit empfand, schickte sie ihrem Mann nach kurzem Zögern eine Kopie, zur Erinnerung an die Zeiten, wo das Familienleben unter dem Maulbeerbaum noch bestens geklappt hatte. Wenn die Kinder imstande waren, den Wechsel würdevoll und großmütig hinzunehmen, so konnte sie das auch.

Das eigene Reich

Jedes Tier braucht sein Territorium. Und wenn Kinder ein Schlafzimmer teilen, muß es eine Grenzlinie am Boden geben, eigene Schränke, eine Geheimkiste, die niemand anderer anrühren darf. Sogar Bücherregale sollten unterteilt werden, wenn das dem häuslichen Frieden dient. Und die Invasion fremden Terrains, insbesondere wenn sie nicht durch die Suche nach gestohlenem Eigentum gerechtfertigt ist, muß man energisch unterbinden. (Allerdings haben wir per Zufall ein System entwickelt, das bemerkenswert gut funktioniert. Ein Kind verwaltet sämtliche im Haus vorhandenen Musik- und Sprechkassetten und ist verpflichtet, sie wieder an ihren Platz zu bringen, wenn das Auto zu voll wird oder nach Ausflügen mit dem Walkman. Alle, die eine Kassette haben wollen, auch die Eltern, wenden sich an den Verwalter, und der öffnet dann hochoffiziell die Schublade und erlaubt ihnen, die Aufnahme herauszunehmen. Mit Absicht hätte ich dieses System nie eingeführt, aber es scheint sich unseren verschiedenen Temperamenten anzupassen.)

Auch Eltern brauchen ihr Terrain. Väter okkupieren es offenbar selbstverständlicher als Mütter. In den meisten Haushalten existiert ein Sessel, der für Dad reserviert ist, aber nur selten einer für Mum. Mit großem Geschick organisieren die Männer ihre eigenen Werkstätten, Arbeitszimmer und Hobbyräume, spezielle Ecken in der Garage, wo sie sich zu schaffen machen. Die Frauen üben bescheidene Zurückhaltung, wenn es um jenes wichtige Bedürfnis geht, das Virginia Woolf »ein Zimmer für sich allein« nannte. Wir bleiben in der Küche, die automatisch ein Gemeinschaftsraum ist, also haben wir keinen Winkel für uns selbst.

Trotzdem sollten wir für eine gewisse Privatsphäre sorgen. Es schadet weder den kleinsten Kindern noch den größten Ehemännern, wenn man ihnen unmißverständlich klarmacht, einige Schränke, der Toilettentisch und – wenn man Glück hat – ein bestimmtes Zimmer seien Mummy vorbehalten. Geheiligt. Tabu. Dürfen niemals mit einäugigen

Gummigespenstern gefüllt, für Schminkexperimente geplündert oder irgendwelcher Dinge beraubt werden, mit denen man eine Hindernisstrecke für die Katze baut. Wenn Sie das Territorium anderer Familienmitglieder respektieren, können Sie verlangen, daß auch Ihres geachtet wird.

Was die Schlafzimmer von Teenagern betrifft, gehen die Meinungen auseinander. Manche Leute bevorzugen skrupelloses, obligatorisches Saubermachen, entweder vom Bewohner oder von einem Elternteil vorgenommen. Andere glauben, Teenager müßten allmählich heranreifen, wie guter Wein, und deshalb sollte man sie in ihrem Schmutz vegetieren lassen und ihnen nicht helfen, irgendwelche Sachen in dem Durcheinander zu finden. Dieses Stadium habe ich noch nicht erreicht (abgesehen von einem neunzehnjährigen Kindermädchen, das sein Zimmer regelmäßig in ein Chaos verwandelte). Aber im großen und ganzen plädiere ich für den goldenen Mittelweg. Ein paar hygienische Grundregeln müssen eingehalten werden. (Keine schmutzige Unterwäsche und Socken, keine schimmligen Tassen und Teller; jeder Verstoß gegen diese Regeln wird gnadenlos bestraft, mit brutaler Aufräumungsarbeit, der vielleicht sogar die Heavy-Metal-Poster zum Opfer fallen.)

Noch eine Bemerkung über Teenager und ihre Zimmer. Neulich stand ein junger Computer-Hacker vor Gericht. Bei der Verhandlung stellte sich heraus, daß der Neunzehnjährige täglich Stunden in seinem Zimmer geblieben war, allein mit einem alten Computer, und »nie eine Freundin hatte«. Das beschwor mißbilligendes Gemurmel herauf, und man gab der Mutter die Schuld (die anscheinend ihr Bestes getan und sogar die Disketten versteckt hatte). Der Fall weckte erneut die Technophobie unserer Gesellschaft, die Angst vor computersüchtigen Jugendlichen. Ich schlug mich ganz entschieden auf die Seite des Jungen. Mein Bruder hatte sich einmal, als schlecht besoldeter Rechtsreferendar, während der ganzen Freizeit in seinem Zimmer eingeschlossen, Gitarre und Akkordeon spielen gelernt, auf einem klapprigen Plattenteller blecherne Scheiben laufen lassen und niemanden sehen wollen. »In so einer Phase ist man kein besonders angenehmer Zeitgenosse«, erinnert er sich jetzt, »pickelig und ungehobelt. Man lebt in einem Kokon und mag einfach nicht unter die Leute gehen.« Nach ein oder zwei Jahren tauchte er fröhlich wieder auf, gründete eine Folkgruppe, traf sich mit Freunden, lernte ein Mädchen kennen und heiratete – etwas später, als es die umtriebigen Teenager heutzutage »normal« finden; aber um Himmels willen, vor nicht allzu langer Zeit erwartete man von keinem Neunzehnjährigen, daß er schon eine Freundin hatte. Andere Teenager meines Bekanntenkreises verkrochen sich stundenlang, um Musik zu hören, wie besessen zu lesen, wobei sie keinesfalls gestört werden wollten, oder an Motorrädern herumzubasteln. Manche Jugendliche scheinen aus sich herauszugehen und Gesellschaft zu suchen, während andere – wie guter Wein vielleicht die interessanteren – es vorziehen, sich endlos lange und unbehelligt im Dunkeln weiterzuentwickeln, in ihrem eigenen Tempo.

Wir Eltern dürfen sie zu nichts zwingen und ihnen bezüglich ihrer Zimmereinrichtung nicht dreinreden. Natürlich müssen wir aufpassen, ob sie Drogen nehmen oder Alkohol trinken, und notfalls sofort eingreifen. Ansonsten sollten wir respektvoll eine warme Mahlzeit bereithalten, wenn sie im Eßzimmer zu erscheinen geruhen. Sicher ist so was ärgerlich. Sogar sehr. Aber ein gewisses Maß an Ruhe und Privatsphäre kann gewährt werden (eventuell mittels eines schriftlichen Vertrags, wie es manche Psychologen vorschlagen), wenn die Teenager zu Gegenleistungen bereit sind und sich bei Familienversammlungen oder im Urlaub anständig benehmen. Jugendliche leben in einem anderen Land. Und wie ihnen jeder internationale Staatsmann bestätigen wird, kommen Verträge nur zustande, wenn man sich in Geduld und Beharrlichkeit übt. Invasionen und martialische Gesetze funktionieren nur selten.

8. Mein Bruder ist einfach unerträglich – Geschwister

Victoria Gillick, die tapfere, vielfach angeprangerte Kämpferin für Moral und Familienwerte, ist Mutter von zehn Kindern und eine meiner unvermuteten Heldinnen. Unvermutet, weil einige ihrer robusten katholischen Ansichten über Empfängnisverhütung und Moralbegriffe nicht mit meinen übereinstimmen. Aber ich schätze sie als fröhliche, humorvolle, unheimlich gelassene Mutter und kostbare, nützliche Informationsquelle, was Geschwisterpolitik betrifft. Einmal befragte ich sie über dieses Thema, und sie berichtete von interessanten, hilfreichen Erfahrungen.

Zunächst muß man verstehen, warum Victoria und Gordon Gillick alle Arten von Verhütungsmitteln entschieden ablehnen. (»Niemals wären wir auf die Idee gekommen, unsere gesunden jungen Körper mit Chemikalien, Metallstückchen oder Gummi zu sterilisieren. So was hätte uns die Lust verdorben.«) Das hängt nicht nur mit einer religiösen, sondern auch mit einer seltsam rührenden philosophischen Überzeugung zusammen – mit dem Gedanken, das Familienleben wäre eine große, lebhafte Party, wo jeder willkommen ist, der zufällig vorbeikommt. Diese Vorstellung führt bei großen Familien zu heiterem Fatalismus: Da seid ihr alle, also macht das Beste daraus. Eine große Familie hat zwar ihre Nachteile, aber sie erzieht die Mitglieder zur Kameradschaft. Für Mrs. Gillick gibt es schlimmere Dinge als die achte Schwangerschaft, Zwillinge oder fünf Kinder auf einmal, die noch keine fünf Jahre alt sind, und keine Toilette in den eigenen vier Wänden zu haben, schlimmere Dinge als

Brotteig, der in einer Babybadewanne geknetet wird, oder ein halbes Pfund Hackfleisch, das für zehn hungrige Mäuler reichen muß.

Für sie war der Anfang, als sie nur zwei Kinder hatte, am schwierigsten. »Sie stritten die ganze Zeit«, erzählte sie. »Und nachdem man mit nur einem Geschwisterchen gestritten hat, ist man praktisch mit der ganzen eigenen Generation verfeindet. Da fühlt man sich einsam und kriegt gleichzeitig Platzangst.« Wenn die Familie wächst, gibt es immer eine Schwester oder einen Bruder, mit dem man sich versteht, mit dem man sich verbünden und Geheimnisse besprechen kann. In den verschiedenen Altersphasen variieren die Beziehungen, vertiefen oder lockern sich. Zu Beginn der Teenager-Zeit können manche Kinder besonders gut mit Babys umgehen, lassen sie dann eine Zeit links liegen und kehren schließlich als alte Freunde zurück.

Es lohnt sich, darüber nachzudenken – nicht, weil so viele Leute das Durchhaltevermögen besitzen, das die Gründung einer großen Familie erfordert, oder weil sie die damit verbundenen finanziellen Gefahren verkraften, sondern weil es eine sehr wichtige Wahrheit ist. Zwei Kinder, was sich derzeit zur Norm entwickelt, ist eine ungünstige Zahl. Sie passen bequem in ein kleines Auto, wenn die Eltern vorn sitzen, aber das ist auch schon das Positivste, was man darüber sagen kann. Alle Geschwister streiten hin und wieder, aber ein Paar, innerhalb weniger Jahre geboren, kann einen zur Weißglut treiben. In *Die Kunst, (k) eine perfekte Mutter zu sein* befaßte ich mich mit den Fallen, in die man tappen kann, wenn man sich ständig um Fairneß bemüht, was Eigentumsrechte und gegenseitige Beleidigungen angeht. Ein Vermittler zwischen zankenden Geschwistern muß eine wahre Engelsgeduld aufbringen. Eine meiner Grundregeln lautete, daß kein Kind das andere mit einem Gegenstand schlagen darf, mit einem Spielzeug, Holzlöffel, Schuh oder Stock. Ebensowenig darf man Karateschläge anwenden, an den Haaren zerren oder die Finger in die Augen bohren, ganz egal, wer den Streit vom Zaun gebrochen hat. Dieses

Verbot – das den Kindern eingebleut werden muß, sobald sie achtzehn Monate alt sind – hält die körperlichen Schäden in Grenzen. Und wenn ich Ihnen dazu rate, so schwingt darin die Verzweiflung der ersten Elternjahre mit. Aber wenn ich nun an die Weiterentwicklung der Familie denke, an ältere Kinder und Teenager, dann kommt noch einiges dazu.

Seien Sie nie überrascht oder schockiert oder enttäuscht, wenn Geschwister in wilder Wut aufeinander losgehen. Überlegen Sie, wie schrecklich einander manche Eheleute auf die Nerven fallen, und die haben sich ausgesucht, um Himmels willen! Das gilt für Geschwister nicht. Kinder können die Spannungen auch nicht abbauen, indem sie miteinander ins Bett gehen oder sich betrinken. Sie sitzen unter demselben Dach fest, manchmal sogar im selben Zimmer. Das eine kennt die ärgerlichen Gewohnheiten des anderen viel zu gut. Und sie wissen, daß ihnen die Möglichkeit einer Scheidung verwehrt bleibt. Also können sie streiten, daß die Fetzen fliegen, ohne den endgültigen Bruch zu riskieren. Und sie lassen sich auch gar nicht daran hindern.

Aber Sie können immerhin einiges tun. Schreien Sie in der schlimmsten Hitze des Gefechts: »Auseinander! Sofort!« Oder vereinbaren Sie ein Stichwort, das besagt, daß sie sich jetzt nicht mehr anfassen oder auf irgendeine Beleidigung reagieren dürfen, bevor sie sich beruhigt haben. Aber das ist nur eine Erste-Hilfe-Methode. Eine wirkliche Besserung erzielt man nur, wenn man jedes Kind veranlaßt, sich hinzusetzen und seinen Standpunkt zu erklären, ohne ausfallend zu werden. Juristisch interessierte Eltern haben mit gewissem Erfolg versucht, Gerichtsverhandlungen zu inszenieren. Jedes Kind bringt seine Beschwerde vor, wobei es nicht unterbrochen werden darf, und akzeptiert dann das Gerichtsurteil.

Andere Eltern trennen die Streithähne und enthalten ihnen alle gewohnten familiären Freuden vor, solange sie nicht unter sich zu einer Einigung gelangt sind. Die erste Methode eignet sich wahrscheinlich besser für Geschwister mit unterschiedlicher Persönlichkeit und Charakterstärke, die zweite, wenn sie einander gewachsen sind.

Jedenfalls muß man etwas unternehmen. In der streitlustigsten Phase unserer Kinder fragte ich mich, ob ich nicht alles noch schlimmer machen würde, wenn ich mich einmischte. Ob ich nicht einfach weggehen, die beiden in ein schalldichtes Zimmer schieben und der Natur ihren Lauf lassen sollte. In einer ruhigen Stunde diskutierte ich mit ihnen darüber. Einstimmig erklärten sie, die Eltern seien verpflichtet, den Kampf zu beenden. »Sonst wird's immer schlimmer, und Rose könnte im Krankenhaus landen, wenn ich ihr wirklich antue, was ich mir manchmal ausmale«, gab mein Sohn ernsthaft zu bedenken. »Und wenn man nicht schon als kleines Kind am Streiten gehindert und gezwungen wird, wenigstens höflich miteinander umzugehen, dann glaube ich, daß man sein Leben lang wie verrückt über alle Leute herfällt.« Nachdem er kurz nachgedacht hatte, fügte er hinzu, jetzt wisse er, wieso die Schlägertypen in der Schule so geworden seien. »Die üben wahrscheinlich zu Hause mit ihren Brüdern und Schwestern.«

Vermutlich hat er recht. So verlockend es auch erscheinen mag, die elterliche Einflußnahme auf ein Minimum zu beschränken und der Natur außerhalb der Hörweite ihren Lauf zu lassen, so ist man doch zur Intervention verpflichtet. Wenn man Teenager nach ihrer Meinung fragt, so vertreten sie im allgemeinen den Standpunkt, eine Art Gerichtsverhandlung oder zumindest ein Tribunal am Küchentisch mit den Eltern, die sich aufmerksam mit dem jeweiligen Fall befassen, sei die beste Lösung. »Dann weiß man wenigstens, daß sie die Gefühle ihrer Kinder ernst nehmen.« Einige schlugen vor, alle Aussagen müßten zu Protokoll genommen werden. Und das Mitglied einer fünfköpfigen Familie, die Tribunale abzuhalten pflegte, erzählte mir, diese Sitzungen würden meistens mit schallendem Gelächter enden, und dann sei das ursprüngliche Problem vergessen.

Wenn Feindseligkeiten ungewöhnlich lange dauern, muß

man die Ursachen erforschen. Ist ein Kind auf das andere eifersüchtig? Wenn ja, gibt es einen verborgenen Grund dafür? Lassen Sie dem einen Kind etwas durchgehen, was Sie dem anderen verbieten? Ziehen Sie Ihren Sohn Ihrer Tochter vor? Werden ihre Interessen geringer eingeschätzt und weniger unterstützt als seine? Oder muß sich der Sohn in einem vorwiegend weiblichen Haushalt wie ein rüpelhafter Außenseiter fühlen? Übertrumpft eine hübsche Tochter oder ein athletischer Sohn die vom Schicksal weniger begünstigten gleichgeschlechtlichen Geschwister?

Das schmerzliche Gefühl, die Eltern würden Unterschiede machen, kann aus den absurdesten Gründen entstehen: Jahrelang haßte ich meinen älteren Bruder, weil er im Gegensatz zu mir auf eine Bahnreise mitgenommen worden war und weil sich alle über meinen Neid lustig machten. Und meine Tochter war ernsthaft beleidigt, als sie einmal nach der Schlafenszeit zu uns herunterkam und sofort wieder ins Bett zurückgeschickt wurde, während wir ihren Bruder freundlicher aufgenommen hatten. So benahmen wir uns keineswegs, weil wir Monstren sind. Aber als Sechsjährige hatte sie uns monatelang verrückt gemacht, indem sie jeden Abend bis zu fünfmal herunterschlich und unsere Nerven empfindlich strapazierte. Deshalb fürchteten wir bei ihrem neuerlichen Anblick nach zwanzig Uhr dreißig, das alles würde wieder von vorn anfangen und die einzigen friedlichen Augenblicke unserer gestreßten Tage erneut stören.

Hingegen hatte der Junge nie geschrien oder geweint, er kam wirklich nur herunter, wenn er dringend Hilfe oder Trost brauchte. Und so behandelten wir ihn freundlicher. Aber nun hatte die Tochter ihre ärgerliche Gewohnheit abgelegt, kam nur herunter, wenn sie uns brauchte und wurde zurückgewiesen, was ihr ungerecht erschien. Dieses Thema brachte sie sehr energisch zur Sprache. Wir begriffen ihren Standpunkt, erklärten ihr, was uns geärgert hatte, entschuldigten uns und fauchten sie nie wieder an, wenn sie nach der Schlafenszeit bei uns auftauchte. Eine kleine, alberne Episode, die eigentlich gar nicht erwähnt werden muß, aber typisch für die Eifersucht, die von müden Eltern geschürt werden kann, wenn sie es versäumen, ein Kind zu beobachten und zu erkennen, daß es eine neue Phase erreicht hat.

Trotzdem ist es für ein Kind vorteilhaft, mit Geschwistern aufzuwachsen, und das sollte nicht unterschätzt werden. Sogar die ruppigsten Streithähne spielen auch miteinander, erfinden ihre persönlichen Spiele, zerren einander an die frische Luft hinaus und können sich durchaus positiv beeinflussen. Kluge Eltern unterstützen diesen Prozeß, indem sie Spiele einführen, zu denen mindestens zwei Teilnehmer gehören, und an Geburtstagen Walkie-talkies, Pingpongtische und so weiter verschenken. Oder sie lesen den Kindern abends etwas vor und regen dadurch die Phantasie zu neuen Spielen an.

Das freundschaftliche Verhalten zwischen Geschwistern kann gefördert werden, indem die Eltern sie dazu ermutigen und entsprechende Bemühungen loben. Stellen Sie gewisse Grundregeln auf, was den persönlichen Besitz von Schokolade oder Ostereiern betrifft (*chez nous* ißt niemand Süßigkeiten, ohne den anderen was davon anzubieten). Oder schicken Sie ein Kind mit guten Neuigkeiten zum anderen (Sie würden alle zusammen ins Kino oder zum Schwimmen gehen). Arbeiten Sie an den Beziehungen der Geschwister untereinander genauso wie an ihrer eigenen zu jedem einzelnen Kind. Sicher, es kostet Zeit und Überlegung, aber beides braucht man auch, um Streitigkeiten zu schlichten.

Seltsamerweise hörte ich über die Geschwister behinderter Kinder besonders ermutigende Geschichten. Linda Scotson rettete ihren Sohn Doran vor den Folgen einer schweren Gehirnverletzung, indem sie eine besondere Therapie anwandte, und dabei half ihr seine ältere Schwester Lili. Das fand sie bemerkenswert, stellte aber fest, daß so etwas weit verbreitet ist. In *Doran* (lesenswert für alle Familien, ob sie nun mit Behinderten zu tun haben oder nicht) schildert sie, wie wild entschlossen ihre Tochter dieses steife, scheinbar hoffnungslos verlorene Baby an- und auskleidete, mit ihm spielte, es mit sich herumschleppte und ihm allmählich Leben einhauchte. Auch andere behinderte Kinder machen solche Erfahrungen, zum Beispiel der Schriftsteller Christy Brown, der von seinen Brüdern und Schwestern in einem Handkarren durch Dublin gezogen wurde. Linda Scotson lobt die Beiträge, die Geschwister in solchen Fällen leisten: »Kaum anerkannt und gewürdigt, und meistens ohne Lohn, bemühen sich Geschwister in einer verzweifelten Situation um Hoffnung und Menschlichkeit. Sie hassen Totenstille und Morbidität. Und sie wissen, daß man nicht zurückblikken darf, sondern immer vorangehen muß.«

Sie schreibt über extreme Fälle, aber erstaunlicherweise gelten dieselben Prinzipien auch für Familien mit gesunden Kindern. Sie spornen und stacheln einander an, halten die Dinge stets in Bewegung, bekämpfen Depressionen und Einsamkeit, und sie wissen eine ganze Menge übereinander (selbst wenn sie sich über die meisten Wesenszüge ihrer Geschwister ärgern). Auch mein eigenes kampflustiges Paar überraschte mich sehr oft. Als Kleinkind schrie Nicholas die heulende Rose an: »Halt den Mund, dumme Gans, gleich kriegst du dein Abendessen!« Und Roses Schluchzen verstummte, sie blinzelte, und dann brachen beide in freundschaftliches Gelächter aus. Einmal verirrte sie sich in Warkworth Castle (die schlimmsten zwanzig Minuten meines Lebens), und ihr Bruder riet mir mit angstvoller, aber ruhiger Stimme: »Ruf nicht ständig nach ihr, Mum. Zwischendurch mußt du still sein und horchen, falls sie antwortet.« Bei vielen Gelegenheiten streckte das eine Kind die Hand aus – wenn auch unsanft und widerstrebend –, um dem anderen zu helfen. Oder wenn wir dem einen eine kleine Freude machten, verlangte es die gleiche Vergünstigung für das Geschwisterchen. Oder sie zerbrachen sich den Kopf, um einander was Hübsches zum Geburtstag zu schenken, und hielten es streng geheim.

Bruder und Schwester sind ein magisches Paar. Dieser

Zauber kann bitterböse Züge annehmen, aber wenn Sie sorgsame Familienpolitik betreiben, wird es nicht allzu schlimm, und die beiden haben einander als Geschenk fürs Leben. Für die Jahre, wenn Sie nicht mehr da sind.

9. Familienregeln und -gebräuche

Falls Sie, Ihr Partner und Ihre Kinder allmählich Familienregeln entwickeln, so ist das ein sicheres Anzeichen dafür, daß Sie sich zu einer richtigen Familie mausern. Eine Familienregel wird den Kindern nicht von den Eltern aufgezwungen, wie z. B.: »Fernsehen erst nach den Hausaufgaben.« Auch die Eltern halten sich daran. Dazu gehören Gesetze wie: »Keine Gummistiefel in der Küche«, »kein schlimmerer Fluch als ›verdammt‹« oder »alles, was am Sonntag nach siebzehn Uhr auf Arbeitsflächen herumliegt, wandert in den Mülleimer«. Natürlich wird ein Kind manchmal etwas strenger angehalten, sich nach den Regeln zu richten (besonders hinsichtlich der Telefonrechnung), aber im wesentlichen gelten sie für alle. Und nichts freut Kinder mehr, als den Vater zu beobachten, der sich vor der Mahlzeit die Hände waschen muß, oder die Mutter, die getadelt wird, weil sie gegen die Regel verstößt, beim Essen nicht zu lesen (was nur am Frühstückstisch erlaubt ist).

Familienregeln sind weder repressiv noch diktatorisch, sondern nur die Bestätigung eines gemeinsamen Standards (in unserem Fall ziemlich niedrig) und der Tatsache, daß wir alle miteinander leben müssen. Mich selbst stört ein gewisses Durcheinander nicht, aber manchmal ärgert es andere Leute, hindert sie daran, sich hinzusetzen, die Hausaufgaben zu machen oder saubere Kaffeetassen zu finden. Also braucht man Regeln, die das Chaos in Grenzen halten. Zum Beispiel essen wir nicht besonders förmlich. Anrichteplatten und Untertassen sind bei uns praktisch unbekannt. Aber wir reden gern am Tisch und haben archaische Vorstellungen von Familienmahlzeiten. Bei solchen Anlässen braucht jeder – wirklich jeder! –, der den Fernseher oder das Radio laufen lassen will, eine Spezialerlaubnis. Das schließt die Wettervorhersage und die *Archers* ein. Wenn wir also zur *Archers*-Zeit gerade beim Essen sitzen, muß ich vor der restlichen Familie niederknien oder auf meine tägliche Seifenoper verzichten. Das mag albern klingen, bekräftigt aber einen wichtigen Grundsatz der Zivilisation: Autoritätspersonen dürfen schwächere Mitglieder der Gesellschaft nicht zu sozialem Verhalten zwingen, sondern man erreicht es mittels Übereinstimmung innerhalb einer Gemeinschaft. Basta. Klar, manchmal verbieten sie mir meine Seifenoper, vor allem, wenn ich am Vorabend *Raumschiff Enterprise* abgeschaltet habe, und gelegentlich leide ich darunter.

Ich fragte verschiedene Familien nach ihren Regeln. In Familien, bei denen es locker zugeht, scheinen mehr Regeln befolgt zu werden als in verkrampften und verklemmten, und das finde ich sehr interessant. Hier eine kleine Auswahl:

- Alle Schuhe, die im Freien getragen werden, müssen an der Hintertür abgestellt werden, wenn man vom Garten hereinkommt.
- Jeder, der vom Tisch aufsteht, muß sein Geschirr und sein Besteck abräumen.
- Alle Ferngespräche müssen notiert werden, mit genauen Angaben über Zeitpunkt und Dauer (besonders wichtig in einem Haus voller Teenager).
- Schlafenszeit ist Schlafenszeit. Um neunzehn Uhr dreißig beginnen die Stunden, die den Erwachsenen allein gehören. Danach dürfen größere Kinder noch lesen oder woanders Karten spielen und die Eltern nur aus triftigen Gründen stören, oder um ihnen einen Gute-Nacht-Kuß zu geben.
- Alle müssen ihre Zähne putzen und sich manchmal waschen.
- Jeder muß sein Haustier selber füttern. Wenn er's vergißt und Mummy das übernehmen muß, wird was vom Taschengeld abgezogen.

- Niemals Hamster im Badezimmer. Nicht seit dem Zwischenfall mit dem Abflußrohr.
- Kein Spielzeug auf dem Eßtisch.
- Keine persönlichen Bemerkungen vor neun Uhr morgens.
- Vor der Schlafenszeit soll sich jeder notfalls bei jedem entschuldigen. Alle müssen wieder Freunde sein. Nach Sonnenuntergang darf kein Groll mehr herrschen.
- Unter dem Küchentisch steht eine große Schachtel. Sachen, die nicht herumliegen sollen, werden jeden Abend während der *Archers* hineingeworfen. Jeden Freitagabend um Punkt neunzehn Uhr fünfzehn wird die Schachtel in die Mülltonne geleert, und niemand hat Anspruch auf Rückgabe des Eigentums. (Diese Frau erklärte mir, sie habe sehr viel weggeworfen, aber pro Person nur eine einzige Kostbarkeit, ehe die Message rübergekommen sei.)
- Kleidungsstücke werden nur gewaschen, wenn sie im Wäschekorb liegen. Jeder muß sich seine sauberen Sachen selber aus dem dafür bestimmten Korb holen. Wer sich nicht dran hält, geht eben ohne Socken zur Schule (was der Mutter völlig egal ist).
- Niemand darf Besuch empfangen (dessen Alter keine Rolle spielt), ohne die restlichen Familienmitglieder vorher zu informieren, damit sie rechtzeitig fliehen können. Das gilt besonders für Schwiegereltern, längst vergessene Tanten, alte Schulfreunde, Exfreunde mit ihren unbekannten neuen Ehefrauen und Teenager-Kumpel mit Persönlichkeitsproblemen.

Verstehen Sie, was ich meine? Einige dieser Regeln gefallen mir ganz gut, andere sind wahrscheinlich nur schwer anzuwenden. Das hängt von der jeweiligen Familie ab. Verfallen Sie nicht in den Fehler vieler Regierungen – stellen Sie keine Regeln auf, die niemand einhalten kann, sonst beschwören Sie ein Chaos herauf. Eine begrenzte Anzahl vernünftiger Regeln funktioniert am besten.

Demokratie

Sie entsteht nur schrittweise. Es ist sinnlos, einen knapp Dreijährigen zu fragen, wie die Familie nach seiner Meinung den Jahresurlaub verbringen soll (ehrlich gesagt, es hat auch wenig Sinn, ihn zu fragen, ob er rosa oder weiße Eiscreme will). Aber sobald die Kinder älter werden, wissen sie es zu schätzen, wenn sie bei Familienentscheidungen mitreden dürfen. Falls sie als Teenager noch immer kein Mitspracherecht im Familienparlament bekommen, könnten sie's endgültig satt haben, herumkommandiert zu werden, und auf unzweckmäßige asoziale Weise rebellieren.

Das werden sie vermutlich so oder so tun. Aber ich befürworte ein bißchen Demokratie. Fangen Sie mit Entheidungen an, die eher belanglos sind und denen Sie als Aufsichtsratsvorsitzende keine übermäßige Bedeutung beimessen. (Beginnen Sie also nicht mit »Was glaubt ihr, meine Schätzchen, soll Mummy einen Teilzeitjob annehmen«, wenn Sie sowieso wissen, daß Ihnen keine Wahl bleibt.)

Veranlassen Sie die Kinder, die Pros und Kontras dieser oder jener Möglichkeiten aufzuschreiben, denn das ist eine gute Übung fürs Leben. Sogar mit einem Sechsjährigen können Sie sich zusammensetzen, ein ernstes Gesicht machen und fragen: »Also, was sollen wir tun? Wir könnten auf dem Weg zur Oma schwimmen gehen, aber dann kämen wir zu spät, um mit ihr *Raumschiff Enterprise* zu sehen. Oder wir fahren direkt hin, essen morgen früher zu Mittag und schwimmen danach.« Kinder mögen es, wenn sie gefragt werden. Außerdem lernen sie dadurch, Pläne zu schmieden, eine Wahl zwischen Alternativen zu treffen und aus unangenehmen Situationen das Beste zu machen. Solche Situationen sind sehr nützlich. Und wenn Ihre Kinder acht oder neun sind, haben sie oft bessere Ideen als Sie, weil Ihr Manager-Gehirn inzwischen überanstrengt ist. Dann sagen sie vielleicht: »Es macht nichts, wenn wir *Raumschiff Enterprise* verpassen. Wir können's auf Video aufnehmen, und Oma gefällt's sowieso nicht. Also gehen wir schwimmen.«

Dieses Prinzip gilt auch für die Ferien, falls es da mehrere Möglichkeiten gibt, und ein paar Jahre später sogar für die Schule. Falls Sie Einwände gegen die Wahl Ihres Kindes haben (»Wenn du auf St. Bobbin's bestehst, können wir uns wegen des hohen Schulgelds keinen Urlaub leisten.« Oder: »Die Fahrt nach Greenbridge High ist gräßlich, und sobald du zwölf bist, mußt du den Bus nehmen.«), sollten Sie ihm die Wahl zwischen vernünftigen Alternativen lassen. Vielleicht ist auch das nicht möglich, aber wenn doch – stellen Sie sich mal die Genugtuung vor, die Sie später empfinden werden, wenn das Kind über die Schule jammert und wenn Sie dann sagen können: »Du hast sie ja selber ausgesucht...« Je früher ein Kind anfängt, Entscheidungen zu treffen, desto eher gelangt es zur Erkenntnis einer der zentralen Wahrheiten des Erwachsenenlebens, wenn sie auch ziemlich deprimierend wirkt: Wie man sich bettet, so liegt man.

Manche Eltern fürchten, ein bißchen Familiendemokratie würde die Kinder »verwöhnen«, aber wenn man sie zu vielen strengen Entscheidungen unterwirft, werden sie bald nicht mehr gehorchen und die Regeln umgehen, weil sie denkende Wesen sind und weil ihnen diese oder jene Gebote unsinnig erscheinen. Kommen Sie dem zuvor. Lassen Sie sie so oft wie möglich bei Entscheidungen mitbestimmen, übertragen Sie ihnen dabei nach jedem Geburtstag eine etwas größere Verantwortung. Es wird sich lohnen.

Sitten und Gebräuche

Das ist ein flexiblerer und faszinierender Bereich. Jeder erinnert sich an das erste Mal, als er bei einem Schulfreund oder einer Schulfreundin übernachtet hat. Wie seltsam und fremd dort alles war! »Die sprechen ein Tischgebet!« Oder: »Jeder ißt von seinem Tablett.« Oder: »Man darf nicht mal ›Popo‹ sagen.« Oder: »Am Abend musizieren sie alle miteinander.« Familienscherze, Familienslang, sogar Kleinigkeiten (in einem Haus werden die Kinder bei Tisch zuerst bedient, in einem anderen zuletzt) hinterlassen tiefe Eindrücke und erzeugen eine neue, oft aufregende Atmosphäre. Manchmal verlieben sich Kinder heftig in andere Familien, und als Teenager wohnen sie praktisch bei ihren Freunden, weil ihnen deren Lebensweise – zumindest vorübergehend – besser gefällt.

Manieren

»Denk an deine Manieren. Sprich nicht beim Essen. Iß nicht mit offenem Mund. Unterbrich uns nicht. Schon gar nicht mit vollem Mund. Sitz gerade. Du mußt Erwachsene respektvoll behandeln. Widersprich nicht. Starr die Leute nicht so an. Mach keine taktlosen Bemerkungen. Bohr nicht in der Nase. Rülps nicht... Ja, schon gut, du konntest das Rülpsen nicht verhindern, aber entschuldige dich wenigstens dafür! Sag's schon, verdammt! Aber nicht mit vollem Mund...«

Ach, du lieber Himmel! Ist es da ein Wunder, wenn die Familienmahlzeit allmählich abgeschafft wird – verdrängt von diversen Rüpeln, die nach Belieben in die Küche schlurfen, tiefgefrorene Cholesterinklumpen in die Mikrowelle stopfen und dann in ausdruckslose Gesichter schaufeln, während sie australische Seifenopern sehen? Bedenken Sie, was für ein Schlachtfeld eine Familienmahlzeit werden kann, und Sie werden verstehen, was ihr allmählich den Garaus macht. Sie war – und in konservativen Familien ist sie's immer noch – der Exerzierplatz für gutes Benehmen, wo die neuen Generationen lernen, wie man sich verhalten muß, um als akzeptable Zeitgenossen, Kollegen und Ehepartner durchs Leben zu gehen. Wir selber richten uns ja auch danach, wann immer wir können (»Iß nicht mit den Fingern, Liebling, zumindest nicht die Eiscreme, und steck dein Gesicht nicht hinein!»).

Der andere traditionelle Exerzierplatz für gute Manieren ist das öffentliche Verkehrswesen (es sei denn, Sie wohnen so wie wir in einer Gegend, wo's keins gibt, fahren überall mit dem Auto hin und benehmen sich wie eine Wagenladung Ferkel). Im Bus und in der Bahn kann die verantwortungsbewußte Mutter weitere Lektionen erteilen: »Drängle nicht so, Liebling. Belästige die Dame nicht. Biete ihr deinen Platz an. Warum? Weil sie älter ist als du, und deshalb mußt du Respekt vor ihr zeigen. Wohlerzogene Herren bieten den Damen ihre Plätze an...« (In diesem Fall ist es etwas schwierig, denn die fragliche Dame hat einen Walkman, ihr Haar steht einen halben Meter vom Kopf ab, und ihr T-Shirt trägt die Aufschrift »Männer lutschen gern«. Natürlich flüchtet sie vor Ihrer gräßlichen Bourgeoisie, denn sie möchte keinesfalls als armes altes Klappergestell betrachtet werden, das sich unbedingt setzen muß. Macht nichts.)

Weiter geht's, zur Party. »Stopf nicht so viel in dich rein. Streck die Zunge nicht raus. Vergiß nicht, dich für die nette Einladung zu bedanken. Für dich war's nicht nett? Natürlich war's nett. Bedank dich bei Mrs. Cooper...«

Warum tun wir das? Immerhin leben wir in einer Umwelt, wo das öffentliche Leben – Presse, Politik, Geschäftsgebaren, Werbung – schrecklich rüde ist. »Rauf mit ihm!« oder »Hosen runter!« empfehlen schrille Schlagzeilen gewissen prominenten Persönlichkeiten, wenn sie in Verruf geraten sind. Politiker höhnen: »Die Argumente des ehrenwerten Abgeordneten sind so schwammig wie seine Überzeugung.« Kritiker schwelgen in Beleidigungen, hemmungslos erwähnen Gesellschaftskolumnisten das Stottern, den Mundgeruch, den dicken Hintern und die gescheiterte Ehe ihrer Opfer in Zusammenhängen, die gar nicht passen. Die Werbung fragt: »Sind Sie sicher, daß keine verräterischen Gerüche an Ihrer Wäsche haften?« Oder sie erinnert uns fröhlich, daß wir schon morgen sterben könnten, ohne Lebensversicherung. Ein furchtbar unhöfliches Zeitalter... Warum schlagen wir nicht in dieselbe Kerbe? Warum bringen wir den Kindern nicht bei, nach allem zu grapschen, die Leute zu beschimpfen, sich rücksichtslos vorzumogeln (den letzten beißen die Hunde), die Hühnerknochen auf den

Tisch zu werfen und ihre tiefsten Gefühle auszudrücken – so wie wir es niemals wagen, wenn wir in der Badewanne sitzen und von lästigen Bekannten angerufen werden?

Weil es grausam wäre – deshalb. Wenn Sie sich das nächste Mal selber auf die Nerven fallen, während Sie Vorträge über gute Manieren halten, denken Sie an das Schicksal der Unglücklichen, die keine haben. Die meisten Leute finden unmanierliche Kinder oder Teenager grauenhaft und schreiben sie ab. Menschliche Wesen müssen lernen, sich akzeptabel zu verhalten, andere Leute nicht zu ärgern und in Verlegenheit zu bringen. Das müssen sie von Kindesbeinen an lernen. Punktum.

Aber Sie können die Sache locker angehen. Die Tage, wo man gesellschaftlich geächtet wurde, weil man aus der Fingerschale trank, sind vorbei. Solange Kinder wissen, wie man in der Öffentlichkeit Messer und Gabel benutzt, dürfen sie daheim ruhig mal mit den Händen essen. Ein paar angenehme Gewohnheiten sollten beibehalten werden. Zum Beispiel ißt man besser mit geschlossenem Mund. Es ist bemerkenswert einfach, Kinder aller Altersstufen davon zu überzeugen, indem man sich ihnen gegenübersetzt und laut schmatzend kaut, mit offenem Mund. Oder halten Sie ihnen einen Spiegel vors Gesicht, wenn sie's tun. Es ist auch sehr hilfreich, sich ein besonders ekliges, gieriges, ständig jammerndes, rüdes Kind aus einer anderen Familie zu leihen (der Sie natürlich nicht verraten, warum). Dadurch machen Sie den eigenen Kindern klar, wie schmerzlich man menschliche Verhaltensweisen – z. B. Schüsseln weiterzureichen, anderen Leuten zuzuhören oder die letzte Bratkartoffel zu teilen – vermißt, wenn sie nicht praktiziert werden.

Noch etwas. Wenn die Eltern zueinander und zu den Kindern unhöflich sind, werden die Lektionen über gute Manieren weder auf fruchtbaren Boden fallen noch Streßsituationen überleben. Wenn Sie ständig schreien »Beeil dich, beeil dich«, während Kinder gerade etwas tun, wobei man sich nicht beeilen kann, etwa zur Toilette gehen; wenn Sie ihre Kleidung kritisieren, ihre Freunde unfreundlich behandeln und ihnen Sachen aus der Hand reißen; wenn Sie nie »guten Morgen» sagen oder fragen, wie sie geschlafen hätten oder wie ihr Tag gewesen wäre – warum sollten sie sich dann besser benehmen? Wenn Sie, die Eltern, einander dauernd anfauchen, wenn einer in Gesellschaft die Leistungen des anderen schmälert, wenn Ihnen Bemerkungen entschlüpfen wie: »Dein Vater ist ein egoistischer Trottel«, dann beeinträchtigen Sie nicht nur die emotionale Sicherheit Ihrer Kinder, sondern auch ihre Manieren.

Und wenn Sie andererseits mal unter Druck stehen und dabei Ihre Manieren vergessen, so ist auch das eine wertvolle Lektion für interessierte junge Zuschauer. Weil Sie sich dafür entschuldigen können, nicht wahr? Da merken sie gleich, wie wichtig Entschuldigungen sind. Zum Beispiel: »Alice, tut mir furchtbar leid, daß ich dich ein widerliches Kind genannt habe. Wie ich inzwischen weiß, bin ich auf der Treppe nicht über deine Rollschuhe gefallen, sondern über Daddys Segelstiefel. Es war dunkel, und Daddy hatte vergessen, die Glühbirne auszuwechseln. Obwohl ich ihn dauernd drum bitte. Daddy ist ein rücksichtsloser Flegel. Nein, das meine ich nicht so. Tut mir leid. Wie unhöflich und vulgär von mir, so was zu sagen! Aber die Schmerzen in meinem Knie sind wirklich kaum zu ertragen. Verzeiht mir – verzeiht mir alle.«

Wenn Sie Glück haben, wird sich auch Daddy brav entschuldigen, sobald er aus der Kneipe zurückkommt.

Schamhaftes Verhalten in der Familie

In meiner Kindheit übernachtete ich manchmal bei einer anderen Familie. Das waren progressive Leute, die freimütige Gespräche über Vaginas führten und die Fragen ihrer Kinder schrecklich direkt beantworteten. »Scham« war ein Fremdwort. Nicht nur die Kinder entledigten sich überall im Haus ihrer Kleider, bis in die späte Teenager-Zeit. Auch die Eltern (mittleren Alters) rannten fast splitternackt zwischen Schlafzimmer und Bad umher oder sahen in nachlässig auseinanderklaffenden Morgenmänteln mit uns fern, wobei sich – wie ich mich lebhaft entsinne – verschiedene unaussprechliche Teile unheimlich im Bildschirm spiegelten.

Ich war tief beeindruckt, aber möglicherweise nicht aus Gründen, die ihnen gefallen hätten. In meinem eigenen Zuhause gab's bloß keine Zentralheizung. Also zog man sich *chez* Purves unter der Bettdecke oder im Wäschetrockenschrank an. Im Badezimmer war Nacktheit möglich, aber nur wenn man eine Dreiviertelstunde vorher den Heizstrahler eingeschaltet hatte. Pro Jahr mußte man mindestens acht Monate lang umfangreiche Vorbereitungen treffen, wenn man sich ausziehen wollte. Hätten unsere Eltern die damals modernen post-freudianischen Bücher über fortschrittliche Kindererziehung gelesen und entschieden, wir müßten sie nackt sehen, um Kastrationsängsten vorzubeugen, so wäre das ziemlich kompliziert gewesen. Sicher können Sie sich das ausmalen: »Also, Kinder, nun wollen wir mal alle ganz spontan und schamlos sein. Lauft nach oben und stellt für eine halbe Stunde die Heizung im Bad an.«

Die Zeiten ändern sich. Ich glaube, die Zurückhaltung meiner Eltern und der Exhibitionismus im Haus meiner Freundin repräsentieren die beiden Fraktionen, die einander in diesem Jahrhundert bezüglich des Themas »Scham in der Familie» bekämpft haben. Es gab eine Ära, wo die Kinder nur angesichts einer Wäscheleine gewisse Einblicke in die Physiologie Erwachsener gewannen. »Mensch, Mummy, passen deine Dinger wirklich genau in diese riesigen Hängematten rein?« – »Still, Kind, sonst wirst du noch wie dein Onkel Arthur enden, den wir nie erwähnen.« Die Schamhaftigkeit übertrug sich auch auf die Kinder. Die Klosterschülerinnen früherer Generationen mußten in langen weißen Hemden baden. Und die Klosterschülerinnen zu meiner Zeit durften im Badezimmer kein Radio laufen lassen, weil es unschicklich war, eine Männerstimme in einem Raum zu hören, wo sich ein unschuldiges junges

Mädchen auszog. (Davon erzählte ich vielen älteren Kollegen beim Rundfunk, um sie aufzuheitern, und sie waren richtig entzückt, weil sie früher eine solche Bedrohung dargestellt hatten.)

Dann tauchten die Gurus der uneingeschränkten Freizügigkeit auf, wie die Eltern meiner Freundin in den sechziger Jahren. Alles, was mit ihren eigenen Körpern zusammenhing, wollten sie mit den Kindern teilen. Beim Frühstück diskutierten sie über Homosexualität, und ihren dreizehnjährigen Töchtern – das muß man sich vorstellen – gaben sie die Pille mitsamt allen Nebenwirkungen, »für alle Fälle«. Darauf folgte das Zeitalter der Kompromißverfechter. Sie vertraten die Meinung, bevor die Kinder sechs Jahre alt werden (und ihre sexuelle Frühphase durchmachen), wäre Nacktheit in der Familie lebenswichtig, um spätere Hemmungen zu vermeiden; danach (wenn sie in die Lieblingsphase der Eltern einsteigen und sich einen Teufel um Sexualität scheren) könnte man den Bademantel wieder schließen, mit einem dankbaren, erleichterten Seufzer. Also haben wir allmählich ein paar vernünftige, zweckdienliche Verhaltensmuster entwickelt.

Wahrscheinlich macht man instinktiv alles richtig. Sobald die glorreiche Schamlosigkeit der Geburt und Stillzeit überstanden ist und wenn das vorletzte Kleinkind ein letztes Mal an Mummys erstaunlichem vorgewölbtem Nabel gelauscht hat, verkriechen sich die meisten von uns aufatmend in Flanellnachthemden und gestatten den Sprößlingen nur mehr flüchtige, zufällige Blicke auf Busen und Po. Der liebe alte Dr. Spock erfreute viele Leute, als er den extremen post-freudianischen Standpunkt verwarf und bemerkte, angesichts großer, nackter, behaarter Eltern könnten Kinder erschrecken, man solle sich lieber bedecken und auf eine »gewisse Privatsphäre im Bad und auf der Toilette« achten. Puristen mögen darüber die Nase rümpfen und die bedeutsamen Gespräche zitieren, die sie mit ihren kleinen Söhnen über den Tampax-Applikator führten. Falls Sie nicht glauben, daß es solche Puristen gibt, lesen

Sie das relevante Kapitel in *Mit Kindern sprechen über Gott und die Welt* von Sheila und Celia Kitzinger. Ich persönlich hatte nach dieser Lektüre – im Gegensatz zu ultramodernen Müttern – nicht das Gefühl, es würde mich beglücken, meinen Sohn ein süßes weißes Wattemäuschen durch die Luft schwenken zu sehen, eins von diesen Dingern, die Mummy unten reinschiebt. Vermutlich würde ich eher in Wut geraten, weil es – wie's der Teufel will – das letzte im Haus wäre.

Ein gewisses Maß an elterlicher Zurückhaltung lehrt die Kinder eine sehr wichtige Lektion. Nur wenige Leute werden behaupten, vor Kindern solle man sich immer und unter allen Zuständen prüde verhüllen. Trotzdem schadet es nicht, ihnen klarzumachen, ein Po sei Privatsache. Dadurch schützen wir sie vor sexuellem Mißbrauch von seiten Erwachsener und (noch wahrscheinlicher) anderer Kinder. Natürlich dürfen sie nicht glauben, die Region zwischen Taille und Knie wäre was Schlimmes, aber sie müssen erkennen, daß jeder das Recht hat, diese Körperteile als seine ureigenste Privatzone zu betrachten. Eltern, Krankenschwestern und Ärzte sollten sich nicht rücksichtslos daran zu schaffen machen, sondern erklären, warum es nötig ist (beim Waschen und bei Untersuchungen) und um Erlaubnis bitten. Andere Kinder sind nicht berechtigt, einem zum Spaß die Hose runterzuziehen. Es ist okay, einander beim Ringkampf in den Achselhöhlen zu kitzeln, aber nicht zwischen den Beinen. Und so weiter. Daraus lernen die Kinder noch etwas – wenn der eigene kleine Hintern zur Privatsphäre gehört, ist es unfair, Mummy zu stören, während sie in der Toilette ist, und verständlich, daß Daddy züchtig ein Handtuch vor seine freischwebenden Teile hält, wenn man auf einen Schwatz ins Badezimmer kommt. Ein zufälliger Blick, gefolgt von einer vernünftigen Antwort auf die Frage »Warum bist du so behaart?« ist in Ordnung – die Eltern als konstant verfügbares lebensgroßes Lehrmittel sind es nicht.

Außerdem sind wir nicht alle so perfekt wie die Abbildungen in den Sexualkundebüchern. Ein Vater erklärte, seine Kinder dürften ihn nackt sehen, bis sie zum erstenmal rufen: »Schau mal, was für einen wabbeligen Bauch du hast!« Danach würde er seine Blößen bedecken und sich nie mehr der Lächerlichkeit preisgeben. Natürlich könnte man sich betont modern geben und argumentieren, dieser Dad solle seinen Kindern noch mehr wabbelige Teile zeigen, Schenkel und so, damit sie lernen, die »hohle, oberflächliche Vergötterung physischer Vollkommenheit abzulehnen und menschliche Unzulänglichkeiten zu akzeptieren«. Aber der achtjährige Sohn dieses Vaters neigt zu besonders ätzendem Spott, und einen solchen Tagesbeginn wünsche ich niemandem. Ich selbst kehre meinen Kindern immer den Rücken, wenn ich einen BH anziehe, seit das jüngere sagte, meine Brustwarzen würden aussehen wie – nein, ich bring's einfach nicht fertig, das zu tippen.

Das führt uns zum schmerzlichen Thema der Teenager. Sie sind, wie jeder weiß, überaus schamhaft. Ehe sie das Haus in hautengen Leggings oder durchlöcherten Jeans verlassen, zerrissene Hemden dicht unterm Busen verknotet oder (die maskuline Variante) mit nackter Brust, verstecken sie sich stundenlang im Badezimmer, hinter verschlossener Tür, und versuchen, ihre Pickel verschwinden zu lassen. Ab dem zwölften Lebensjahr amüsieren sich die Mädchen kein bißchen, wenn ihre Brüder am BH-Träger zupfen und Kommentare über persönliche Entwicklungsphasen abgeben. Und ein heranwachsender Junge erlaubt seiner taktlosen Mummy nicht mehr, seine Reinlichkeit zu überprüfen, während er in der Badewanne sitzt. Kluge Eltern respektieren diese Schamhaftigkeit und wirken entsprechend auf jüngere Geschwister ein. Letztere dürfen selbstverständlich nicht in vertrauliche Gespräche über die Pille oder die Möglichkeit einbezogen werden, bei Brian zu übernachten, während dessen Eltern verreist sind. Ebensowenig in die Diskussion über die neueste, noch nicht einmal sechzehnjährige vollbusige Göre, die der Sohn des Hauses angeschleppt hat – weil es einem so vorkommt, als hätte man der Mutter des Mädchens, der ältesten Freundin, erst gestern die Babytragetasche geliehen...

Aber so tolerant die Eltern einem schamhaften Teenager auch gegenüberstehen mögen, ihre eigene lässige Häuslichkeit wird weniger duldsam betrachtet. Keineswegs geneigt, die Eltern als sexuelle Wesen zu akzeptieren, sieht ein Teenager die beiden lieber Tag und Nacht bis zum Hals zugeknöpft und haßt es, wenn sie einander anrühren, es sei denn, sie wollen bei dem andern eine Wespe verscheuchen.

Im allgemeinen fühlen sich die Teenager-Kinder geschiedener Leute angewidert von der Knutscherei eines Elternteils, der sich plötzlich in eine(n) Liebhaber(in) verwandelt. Viele Romane und Memoiren enthalten zornige Erinnerungen an solche Situationen. Aber sobald die Pubertät einsetzt, finden die Kinder es genauso unangenehm, wenn die leiblichen Eltern miteinander schmusen – vielleicht weil der Sex in diesem Entwicklungsstadium eine so unkontrollierbare, beängstigende Macht ist, daß Teenager nicht verstehen, wie komfortabel und undramatisch die Routine eines langjährigen Paares werden kann. Wenn ein Junge seinen Dad beobachtet, der sekundenlang eine Hand auf Mutters Hintern legt, glaubt er irrtümlicherweise, nun müßten die gleichen wilden Adrenalin- und Testosteronstürme rauschen, die er selber empfunden hat, als er gestern in der Schule versehentlich von Suzys Brüsten gestreift worden war. Nie wurde die Abneigung elterlicher Sexualität so eindringlich ausgedrückt wie vom guten alten Hamlet: »Schwachheit, dein Name ist Weib! ... O Himmel, würde ein Tier, das nicht Vernunft hat, doch länger trauern!« Lebensfrohe, kichernde, neu umworbene Mütter – wenn sie nach der Scheidung oder Witwenschaft auch ein bißchen Glück verdienen – sollten an Hamlet denken und sehr, sehr diskret sein.

Nicht nur Sex veranlaßt Teenager, entblößte Eltern zu verabscheuen, sondern auch der »Körperfaschismus«, wie Anna Ford es nannte. Ein Mädchen gestand: »Ich würde sterben, wenn meine Freundinnen sehen könnten, wie Mums Bauch über den Rock hängt, bevor sie ihren Pullover anzieht.« Und ein Junge: »Dads Bierbauch ist einfach gräßlich. Darin scheint er alle seine rückständigen Ideen aufzuheben.« Können Sie's Dad verübeln, wenn er sich bis obenhin zuknöpft und geduldig wartet, bis sein Sohn alt genug ist, um zu merken, daß es im Leben nicht nur auf flache, muskulöse Bäuche ankommt? An seiner Stelle würde ich die Heizung runterdrehen, bis die Kinder das Elternhaus verlassen. Das hätte den zusätzlichen Vorteil, daß sein Seelenfrieden nicht mehr von den gutgebauten Freundinnen des Sohnes gestört wird, die ständig ihre ausgeleierten Rippenpullover ablegen und knappe Shorts tragen.

Aber man kann sich an diesen verachtungsvollen, gertenschlanken, geliebten Kreaturen rächen, wenn man ihre Kritik wirklich nicht mehr verkraftet. In der Familie, von der die oben angeführten Zitate stammen, gibt es eine unkonventionelle Großmutter. Die Leute haben einen grandiosen Swimmingpool. Im Sommer kommt Granny zu Besuch, zieht sich splitternackt aus und springt ins Wasser. Danach liegt sie am Beckenrand, hält die runzligen Brüste in die Sonne und träumt von längst entschwundenen Tagen am venezianischen Lido und der Gesellschaft hübscher Spielkameraden. Die Eltern – zum Schutz vor dem Hohn ihrer Kinder in züchtige Badekleidung und dicke Frottemäntel gehüllt – wissen genau, was zu tun ist. Sie warten den günstigen Zeitpunkt ab, dann schicken sie Sarah und Simon, die arglosen Sprößlinge, mit einer Tasse Tee für Granny hinaus...

Technologie: Telefon und Fernsehen

Die Technologie ruiniert die Familienmanieren, seit die Erfindung des Telefons zum erstenmal ein häusliches Gespräch durch impertinentes Klingeln gestört hat, verursacht von einem völlig Fremden. Oder von einem Handelsvertreter. Oder von jemandem, der an die falsche Nummer geraten ist. In den Anfängen des Telefons ließen feine Leute ihre Butler rangehen und sich dann die unangenehme Neuigkeit im üblichen sanften, entschuldigenden Ton mitteilen. Heutzutage kann man einen Anruf mit unangemeldeten Besuchern vergleichen, die in höchst privaten familiären Momenten an der Tür läuten. Erwarten Sie bloß nicht, kleine Kinder würden verstehen, warum man den Hörer abnehmen muß. Falls Sie keinen Anrufbeantworter haben, entschuldigen Sie sich wenigstens. Und wenn die Situation heikel ist (z. B. finden Sie endlich heraus, wer Ihr Kind in der Schule herumkommandiert), wimmeln Sie den Anrufer unbarmherzig ab.

Dieser Rat läßt sich natürlich kaum befolgen. Trotzdem entschuldige ich mich nicht dafür, denn in dieser Hinsicht habe ich meine Familie so schrecklich geärgert, daß ich das keiner anderen wünsche. Während ich zu Hause für mehrere anspruchsvolle Leute arbeitete und dauernd unter Termindruck stand, beobachtete ich im Lauf der Jahre den wachsenden Zorn meiner Kinder über die zahlreichen Telefonate. Beide hassen diesen Apparat. Er nimmt ihnen die Eltern weg, um sie in endlos lange geschäftliche Gespräche zu verwickeln, wobei man sie nicht stören darf. Aber Kinder können jederzeit beim Spielen gestört werden. Das beeinträchtigt den Rhythmus des Familienlebens. Jetzt schalten wir öfter den Anrufbeantworter ein und warten ab, wer anruft, dann überlegen wir, ob wir wirklich sofort mit ihm reden müssen. Das ist etwas schwierig, weil es arrogant wirkt, das Telefon zu ignorieren. Aber sobald Sie erkennen, daß diese Arroganz nicht nur Ihnen allein zugute kommt, sondern Ihrer Familie, fällt es Ihnen leichter, sich so zu verhalten.

Zwei weitere technologische Neuerungen haben das Familienleben ebenfalls verändert. Die Mikrowelle zähle ich nicht mit, weil ich mich weigere, in das salbungsvolle Klagelied über das Aussterben der Familienmahlzeit einzustimmen. Wie Sie kochen, ob Sie gemeinsam essen oder einsam zwischen Tür und Angel, liegt ganz bei Ihnen und hängt von den jeweiligen Umständen ab. Viel wichtiger sind der Fernsehapparat und der Computer.

Der Umgang mit dem Fernsehen zählt zu den großen Dilemmas unseres Zeitalters. Einerseits ist es ein Fenster zur Welt, die Kinder lernen daraus, werden davon unterhalten, und wenn sie davor sitzen, werfen sie wenigstens keine Ziegelsteine durch die Glasscheiben der Nachbarn. Andererseits geraten die Fernsehgewohnheiten eindeutig außer Kontrolle, seit das britische Durchschnittskind angeblich fünf Stunden pro Tag in die Glotze starrt, seit manche Ärzte sich ernsthaft um die Lethargie sorgen, die das Fernsehen hervorruft, und seit sogar die Prinzessein von Wales begonnen hat, darüber zu predigen. In meinem letzten Buch schlug ich verschiedene Methoden vor, um den Einfluß des Fernsehens positiv und nicht negativ zu gestalten. Man sollte die Sendungen sorgfältig auswählen und den Apparat nach der Sendung lieber ausschalten, statt abzuwarten, was als nächstes kommt, hinterher darüber diskutieren, die Kinder zu einer kritischen Einstellung erziehen. Niemals darf das Gerät ohne Ton im Hintergrund laufen, und völlig idiotische Sendungen sollte man nicht ganz verbannen, sondern rationieren, so daß jeder (Sie selbst eingeschlossen) ein- bis zweimal pro Woche zu schamlosen Fehltritten berechtigt ist.

Wenn die Kinder älter werden, wird das Problem komplizierter. Dann bleiben sie nämlich auf und finden heraus, was sie früher nie geglaubt hätten – daß ihre Eltern viel öfter hirnlos und unkritisch vor der Flimmerkiste herumhängen, als sie's zugeben. Andererseits bietet eine Familienversammlung vor dem Fernseher, wenn alle zusammen in Gelächter oder Buhrufe ausbrechen oder nach Luft schnappen, großartige Möglichkeiten. Gute Filme, Lustspiele oder Dokumentarsendungen sorgen oft wochenlang für Diskussionsstoff und erfrischende Witze. Sie können auch – ohne übermäßige Mühe und ernsthafte amerikanische Methoden wie Familienberatung oder »sinnvoll verbrachte gemeinsame Zeit« – sehr interessante Hinweise auf die Gedanken der Kinder über zwischenmenschliche Beziehungen, Moralbegriffe und Sex geben. Ich freue mich immer, wenn eins meiner Kinder mitten in einem Agatha-Christie-Krimi oder einem frivolen James-Bond-Film plötzlich sagt: »Das ist wirklich geschmacklos. Die Leute haben keinen Respekt vor dem Tod.« Oder sie beobachten mit schmalen Augen, wie zwei Erwachsene in einer Situationskomödie streiten, und verkünden dann: »Die beiden sind doch furchtbar autoritär und dumm, oder?« Wenn ich's aus diesem Blickwinkel betrachte, erscheint mir das Fernsehen nicht so furchtbar bedrohlich wie manchen anderen Kommentatoren.

Aber heranwachsende Kinder werden auch gewisse Sendungen sehen wollen, die Sie selber beim besten Willen nicht aushalten. Das können Fußballspiele sein, Quizsendungen mit Computerspielen oder alberne (wenn auch nicht besonders gewalttätige) Polizeiserien.

In solchen Fällen sollten Sie sich, wenn Ihre Kinder unter achtzehn sind, über die Sendungen informieren. Schauen Sie kurz rein, fragen Sie Freunde, eruieren Sie die Zuschauerzahlen. Und Sie müßten auch wissen, wie lange die Kinder vor dem Fernseher sitzen, und diese Zeit in gewissen Grenzen halten. Ein strenger Stundenplan ist überflüssig, aber führen Sie einen gewissen Durchschnitt ein. »Gestern habt ihr vier Stunden ferngesehen. Lassen wir's heute bleiben. Wenn ihr wollt, könnt ihr ja etwas für den nächsten Regentag aufnehmen.« Das ist vernünftiger als: »Schaltet den Blödsinn ab! Geht lieber raus an die frische Luft!«

Wie Sie das rationieren, müssen Sie selbst entscheiden und mit den anderen Familienmitgliedern abstimmten. Wenn möglich, nach demokratischen Kriterien. Ich kann da keine Ratschläge erteilen, die für alle gelten, sondern nur anmerken, daß es einfacher ist, das Fernsehen zu rationieren, wenn Sie die Wohnzimmereinrichtung nicht ausschließlich um den Apparat herum arangieren – wenn Sie zum Beispiel einen Sessel mit der Rückenlehne zum Bildschirm stellen, während die Familie am Tisch sitzt und Karten spielt oder liest. Sobald ein Zimmer wie ein kleines Kino aussieht, wird es auch so behandelt.

Und nun will ich freimütig ein entschiedenes persönliches Vorurteil bekennen. Ich finde, ein eigener Fernseher im

Schlafzimmer ist eine sehr, sehr schlechte Idee, solange der Bewohner nicht mindestens sechzehn ist. Lassen Sie sich nicht mit Bemerkungen wie »alle Freunde« hätten einen, erpressen. Das ist eine Lüge, und wenn nicht, sollten Sie sich die Freunde genauer anschauen.

Videos

Ständig werden wir mit Warnungen über die bösartigen, grausigen, sadistischen, pornographischen Filme bombardiert, an die Kinder in Videoshops herankommen (oder mittels privater Fernsehsender). Unsere diesbezügliche Paranoia wächst noch, wenn die Leute betonen, die Kinder würden den Schund ohnehin bei den Freunden sehen, also könnten wir sie gar nicht davor schützen.

Niemand darf diese Warnungen ignorieren, aber man sollte auch nicht übertrieben darauf reagieren. Sobald ein Kind auf die höhere Schule geht, also ab dem elften Lebensjahr, läßt sich schwer überprüfen, was es bei den Freunden sieht. Natürlich können Sie anderen Eltern klarmachen, Sie würden es vorziehen, wenn Ihren Kindern nur Filme vorgeführt werden, die ihrem Alter entsprechen. Aber andere Eltern sind vielleicht nicht immer zu Hause, oder es ist ihnen einfach egal.

Der beste Schutz eines Kindes vor dieser schmutzigen Welt liegt in ihm selbst. Es ist gegen alles gefeit, wenn es zusammen mit Ihnen Filme und Fernsehsendungen sieht, wenn Sie mit ihm über Gewalttätigkeit und Sadismus und Schamlosigkeit reden, wenn Sie ihm verstehen helfen, warum manche Leute so was produzieren und daß es nicht besonders klug ist, sich davon beeinflussen zu lassen. Ein Achtjähriger ist von Natur aus links orientiert, satirisch veranlagt und durchaus fähig, verächtlich über die Leute in Hollywood und anderswo zu lachen, die ein Riesenvermogen machen, indem sie den nackten Hintern anderer Leute filmen oder Schauspieler veranlassen, die Eingeweide anderer Schauspieler rauszuzerren. Verhindern Sie, daß Ihre Kinder in den Bann dieser Phantasiewelten geraten. Die sollten besser analysiert und verspottet werden.

Meine Kinder wollten unbedingt »Terminator II« sehen, und ich hatte gehört, in diesem Film würde zwar geballte, aber keine widerliche Gewalt gezeigt, da sie hauptsächlich zwischen Robotern stattfindet. Schließlich schauten wir uns den Film zusammen an. Bei den brillanten Special Effects, wo sich geschmolzene Metallgestalten in bedrohliche Menschenwesen verwandeln, drückten wir auf die Stoptaste. Danach erörterten wir, welche Teile wirklich ekelhaft sind, unsere Ängste schüren und wenig Respekt vor den Menschen zeigen – aber wir sprachen auch über andere Passagen, die wir clever und amüsant fanden. Wenn ich das jetzt noch mal lese, wirkt es furchtbar salbungsvoll und langweilig, aber wir haben wirklich viel gelacht und einen tollen Eindruck von Arnie Schwarzenegger gewonnen.

Kinder müssen vor allem wissen, daß es keine Schande ist und daß sie auch nicht zimperlich sind, wenn sie sich weigern, häßliche Videos zu sehen, einfach davongehen oder ihre Meinung über einen albernen, unangenehmen, perversen Film bekunden. Gesundes Selbstvertrauen hilft ihnen dabei, ebenso die Erkenntnis – bei Familienversammlungen vor dem Bildschirm gewonnen –, welche eindeutig besseren Methoden es gibt, Kameras zu benutzen oder Drehbücher zu schreiben. Nachdem man zusammen mit Eltern und Geschwistern gute, amüsante, realistische und anregende Filme gesehen hat, und dazu gehören auch Thriller mit moralischer Botschaft und zurückhaltend behandelten Gewaltszenen – ist man sogar als Zehnjähriger fähig, billige Machwerke abzulehnen, die an niedrigste Instinkte appellieren und einen schlechten Geschmack im Mund hinterlassen. Jene Kinder, über die gewisse Boulevardblätter Horrorvisionen verbreiten, die süchtig nach extremer Gewalttätigkeit, sexuellen Details und Morbidität sind, haben vermutlich nie gelernt, sich an anderen Dingen zu freuen. Und sie wurden zu oft vor dem Fernseher allein gelassen.

Und machen Sie sich keine übermäßigen Sorgen über die Phasen, wo Teenager geradezu besessen Softpornos sehen, denn sie wollen nur rauskriegen, was das alles soll. Unterlassen Sie es, entsetzt zu kreischen und den Stecker aus der Dose zu ziehen. Wählen Sie lieber unwiderstehliche romantische Videos aus. Bittersüße Liebesgeschichten faszinieren sogar Teenager, die vorübergehend ganz wild auf Sex sind. Und wenn die kleine Welt, die ihnen am nächsten steht, die allgemeine Atmosphäre der Familie, gesund und ausgeglichen und liebevoll ist – wenn sie oft genug mit realen, dreidimensionalen Menschen zusammen sind und mit ihnen lachen und reden, können sie vom Videosex gar nicht verdorben werden.

Vielleicht finden Sie meine Meinung lächerlich naiv und idealistisch. Aber einer komplizierten Dekadenz begegnet man oft am besten mit schlichten Idealen. Zweifellos wird es Augenblicke geben, wo Sie sagen müssen: »Nein, du wirst jetzt nicht ›Driller Thriller Killer Sex Maschine III‹ sehen, sondern ins Bett gehen, und damit basta.« Aber solche Situationen lassen sich viel leichter bewältigen, wenn Sie in anderer Hinsicht großzügig sind.

Computerspiele

Computer helfen und faszinieren uns, und gelegentlich erschrecken sie uns. Eines der jüngsten gespenstischen Science-Fiction-Szenarios betrifft Kinder und Chips und die Möglichkeit – von manchen Leuten sehr ernst genommen –, die Abhängigkeit von Computerspielen könnte die Entwicklung der Psyche negativ beeinflussen. Mit anderen Worten – igitt! Stiehlt Sonic der Igel die Seele meines kleinen Lieblings? Wird er epileptische Anfälle kriegen, wenn er sich zu oft mit Mario amüsiert?

Düstere Dokumentarfilme schaffen es immer wieder, uns Angst einzujagen. Ich erinnere mich an einen, der uns vor Augen führte, wie Kinder sich schon im Babyalter stundenlang mit piepsenden, reaktiven, computerisierten Spielsachen beschäftigten und später besser mit dem Schulcomputer umgehen konnten als der Lehrer. Dieser Film zeigte auch, daß man in jedem Spielwarenladen ein Gerät findet, das mit dem Baby redet, eine Geschichte erzählt oder ein Wiegenlied singt, einen Computer, der dem Krabbelkind die ersten Wörter beibringt, eine fröhliche, kastenförmige rote Quasselstrippe, die mit älteren Kindern Rechtschreiben übt! (»So ist es richtig! Und jetzt buchstabier mal – Schönheit!«) Und natürlich gibt es auch Computerspiele, die alle grausamen Phantasiewünsche befriedigen.

Erwachsene Computerfreaks sind vertraute Gestalten (oft ziemlich reiche, denken Sie doch mal an die Typen, die Computerspiele entwerfen und Millionen damit verdienen). Aber die Vorstellung, daß ein Kind oder ein netter, hübscher Teenager im grünlichen Widerschein eines Computerbildschirms lebt, ist irgendwie unerfreulicher. Ihr eigenes Kind, das sich durch die Levels der Legende von Zelda zappt, mag Ihnen zufrieden und normal erscheinen. Aber Sie werden ganz sicher nervös, wenn die Regenbogenpresse eindringlich vor Epilepsie warnt und Therapeuten – wie neulich geschehen – erklären: »Diese Kinder haben wenige Freunde und fürchten das Geben und Nehmen bei Gesprächen. Sie setzen ihren eigenen Willen zu oft durch und können sich nur selten für längere Zeit auf etwas anderes konzentrieren als den Bildschirm. Oft werden sie durch gewalttätige Filme für den Begriff ›Gewalt‹ desensibilisiert.«

Wenn Sie so was gelesen haben, werden Sie wahrscheinlich einen furchtbaren Krach heraufbeschwören, indem Sie Computerspiele inmitten eines entscheidenden Levels ausschalten, und als dumme autoritäre alte Mum oder ekliger rückständiger Dad gebrandmarkt.

Tun Sie's nicht. Bleiben Sie ruhig. Betrachten Sie Ihre eigene Realität, nicht irgendwelche Krisen in gesellschaftlichen Extremsituationen. Wenn Sie einzelne Fälle von »Computerspielsucht« studieren, werden Sie feststellen, daß da auch einige andere Dinge außer Kontrolle geraten sind. Vielleicht erzeugt ein verlassener, verbitterter, aus der Fassung gebrachter Elternteil mit gebrochenem Herzen eine Umwelt, die längst nicht so vergnüglich ist wie Super Marios lustige Abenteuer. Es kann mit einem Mangel an Freunden zusammenhängen, mit einem unglücklichen Schulalltag oder einfach nur mit Eltern, die in ihrem eigenen Leben und ihrer Arbeit aufgehen und sich nicht bemühen, das Kind (anfänglich normalerweise ein Junge zwischen neun und elf) mit anderen Kindern zusammenzubringen.

Oder es liegt an einem zu kleinen Freiraum, an der fehlenden Möglichkeit, in einer beengten Stadtwohnung was anderes zu tun. Oder die Eltern haben, wie der oben zitierte Therapeut bemerkte, »vergessen, richtige Eltern zu sein, oder sie besitzen nicht das nötige Selbstvertrauen. Ich wünschte, Sie würden früher merken, was da passiert, sich darum sorgen und nicht warten, bis das Kind fünfunddreißig Stunden pro Woche mit seinem Computer spielt. Wenn mein Kind so lange lesen würde, wäre ich beunruhigt. Sie etwa nicht?«

All diese Dinge muß man in Erwägung ziehen, aber man darf die Schuld nicht bei den Computerspielen suchen. Sicher, manche sind widerwärtig und brutal, und es sollte Ihnen nicht schwerfallen, sie aus Ihrem Haus zu verbannen, wenn Sie Ihren Kindern andere, vernünftigere kaufen. Und es ist unumstritten, daß Computerspiele einen tatsächlich faszinieren können. Sie bieten einem zwar die Chance zu gewinnen, neue Wege zu gehen und neue Fähigkeiten zu entwickeln, geben einem aber nie das Gefühl, man würde sie völlig beherrschen. Als unser Sohn uns zum erstenmal in diese Welt lockte, schlich ich aus meinem Arbeitszimmer, wenn er in der Schule war, und spielte Mario, bis mir der Kopf schwirrte. Letzten Endes wurde ich immer von dem Drachen erwischt.

Doch der Reiz der Neuheit verblaßte bald. Nach ein paar Tagen spielte ich nicht mehr so lange, bis ich Kopfschmerzen bekam (länger, als ich es den Kindern jemals erlaubte), und kümmerte mich nur noch um den Computer, wenn ein neues Spiel auftauchte oder wenn ich gleichzeitig eine Radiosendung hören wollte. Da ich am eigenen Leib gespürt hatte, wie es ist, einem Spiel zu verfallen und wenig später die Begeisterung zu verlieren, kann ich meine Kinder viel gelassener bei dieser Prozedur beobachten. Meinem Sohn merkte ich immer an, wenn er in der Schule unglücklich oder gestreßt war. Dann spielte er viel zu lange und zu intensiv, wurde ärgerlich und reizbar. Wann immer das geschah, griff ich ein. Aber wenn er guter Dinge war, klickte er sich durch ein paar Levels, dann hob er sich das Spiel für ein andermal auf und machte Schluß.

Da der Computer in einer Küchenecke steht, müssen die Kinder meistens mit ausgeschaltetem Ton spielen. Manchmal dürfen sie ihn anstellen, aber im allgemeinen finde ich, daß die emotionale Temperatur erfreulich niedrig gehalten wird, wenn nichts kracht, dröhnt oder piepst. Familiengespräche, das Radio oder die Katze, die nach ihrer Milch miaut, erinnern die Kinder an die reale Welt außerhalb des Bildschirms. Die Spiele erfüllen sogar eine soziale Funktion, wenn die Eltern vorbeigehen und sagen: »Oh, schau mal, du hast Joshi den Dinosaurier besiegt!« Oder wenn Freunde ringsherum sitzen und den Spieler anfeuern, ist der Computer nur mehr ein amüsanter Zeitvertreib innerhalb der vier Wände, so wie jeder andere. Einige Spiele (zum Beispiel SimCity, bei dem man lernt, Städte zu planen, und mit den Freunden über den Standort des Kraftwerks diskutiert) wirken so erzieherisch, daß unbändiger Stolz Tränen in die Elternaugen treibt. Ich liebe es, Zeitung zu lesen, während drei Kinder schreien: »Hör mal, wenn du in der Innenstadt eine Einschienenbahn baust, mußt du die Steuern erhöhen! Und da wirst du nicht viel einnehmen, wenn du auf ein neues Industriezentrum verzichtest.« Was immer sie auch spielen, nach einer Weile hören sie auf – oder wenn ich über den Sonnenschein jammere, der im Garten vergeudet wird. Dann laufen sie bereitwillig hinaus. Manchmal schalten sie den Computer sogar aus eigenem Antrieb ab.

Wir hatten auch ein paar brutale Spiele. Versehentlich ließ

ich Robocop mit seinen Straßenräubern und Kampfhunden in unser Haus. Aber es verfehlte nicht seine Wirkung, als Eltern, Babysitter und Besucher am Bildschirm vorbeiwanderten und riefen: »Oh, die armen Hunde, warum mußt du sie denn ständig erschießen?« Das brachte die Kinder bald zum Lachen, und das Spiel machte ihnen keinen Spaß mehr. Vielleicht wäre es anders gekommen, hätten sie es in der Abgeschiedenheit ihres Schlafzimmers gespielt. Jedenfalls entschieden sie, daß es in technischer Hinsicht nicht besonders interessant war und so wurde es ausrangiert.

Aber das beste Gegenmittel war an einem Wochenende der Besuch eines – wie ich hoffe nur vorübergehend – computersüchtigen, etwas älteren Jungen. Da es in seinem Leben einige Probleme gab, hatte er allen Grund, elektronischen Trost zu suchen. Meine Kinder beobachteten seine verzweifelte Intensität vor dem Bildschirm mit freundlicher Bestürzung und redeten noch wochenlang darüber, weil sie (im Alter von acht und zehn) einen eindeutigen Zusammenhang zur unglückseligen Situation ihres Freundes herstellten.

Es soll keineswegs selbstgefällig klingen, und es betrifft auch nur meine persönlichen Erfahrungen. Ich dachte nur, ich sollte dieses Erlebnis schildern, als Gegengewicht zur oft hysterischen Verdammung aller Computer. Wir halten die Zeit, die unsere Kinder am Bildschirm verbringen, in Grenzen und bestimmen auch, wie lange der Ton eingeschaltet bleiben darf. Im Schlafzimmer wird der Computer ebensowenig geduldet wie der Fernseher, denn ein Kind kann sich dorthin zurückziehen und vom Rest des Lebens isolieren. Und ich habe mich von Anfang an energisch gegen den tragbaren »Gameboy« gewehrt. Diese Geräte kann man nicht so leicht mit anderen teilen, sie dürften jungen Augen sogar schaden, und was am wichtigsten ist – sie hindern Kinder daran, die Welt ringsum zu betrachten. Immer wieder deprimiert es mich, an einem strahlend blauen Tag mit der Fähre über den Kanal zu fahren und Kinder zu beobachten, die entzückt über die Reling schauen oder zum Ärger der Leute übers Deck laufen sollten, aber statt dessen still dasitzen, wie besessen über ihre kleinen Plastikboxen gebeugt. Die kleinen billigen Computerspiele, die man in der Hand halten kann (besonders in den Ferien beliebt), sind weniger schädlich, weil man sie bald satt hat. Aber wenn einem die ganze Zeit die volle Power und Vielfalt eines richtigen, großen Computerspiels zur Verfügung steht, so ist das was anderes. Ein klarer Fall für ein elterliches Veto oder strenge Rationierung.

Nun, das ist meine persönliche Meinung zu diesem Thema, so geht meine Familie im Augenblick damit um. Vielleicht denken Sie nicht so darüber. Und vielleicht nehmen wir in ein oder zwei Jahren auch einen anderen Standpunkt ein. Aber eins gilt wohl für alle neuen technologischen Probleme: Solange man die Situation mit klaren Augen sieht, in Ruhe darüber nachdenkt und die eigene Familie realistisch einschätzt, statt sich an einer imaginären und perfekten (oder ebenso imaginären verzweifelten) Version zu orientieren, findet sich immer eine vernünftige Lösung.

Wenn Sie das nächste Mal einen schaurigen Zeitungsartikel lesen, holen Sie tief Luft und sagen Sie sich: Es gibt kaum eine Freizeitgestaltung, die nur gut oder nur schlecht ist – allerdings wurde ich noch nie vor der Hockey-Sucht gewarnt, ebensowenig vorm Pfadfinder-Abhängigkeitssyndrom. So oder so – bleiben Sie cool.

10. Was soll man von Verwandten halten?

Warum kümmert man sich überhaupt drum?

Erinnern Sie sich an Charles Darwins Grübeleien über die Ehe, an seine Angst vor der Verwandschaft. »Zwang, Verwandte zu besuchen und zu empfangen, aber schrecklicher Zeitverlust...« Da hat er viele Sympathisanten. Manche jungen Paare trennen sich blindlings und grausam, aber sehr tapfer von den Sippen, aus denen sie stammen. In einigen Fällen werden sie aus Religions-, Rassen- oder Klassengründen dazu gezwungen. Aber gelegentlich tun sie's aus reinem Egoismus – einfach nur weg, gemeinsam hinaus in die größere Welt, ein neuer Anfang. Wie die Bibel sagt, verlassen sie Vater und Mutter, Brüder und Schwestern, um zusammenzuhalten und eine eigene Familie zu gründen.

Diese Einstellung habe ich in einem früheren Kapitel eher befürwortet und den Eltern bzw. Schwiegereltern geraten, sich vorerst nicht in die junge Ehe einzumischen. Aber nach der Geburt von Kindern ist es empfehlenswert – sogar erfreulich –, die Sippschaft wieder an sich ranzulassen und die neue Familie mit alten Echos zu umgeben. Mit anderen Worten, so morsch Sie Ihren Stammbaum auch finden mögen, Sie sollten den Ast, auf dem Sie sitzen, nicht unbekümmert absägen. Wenn Sie Ihr eigenes Familienleben beginnen, stellt sich vielleicht heraus, daß Ihre bereits vorhandene Familie ungeahnte Vorteile hat – obwohl es natürlich auch Probleme gibt.

Schwiegermütter

Also, meine Schwiegermutter... Ich will nicht behaupten, daß sie schwierig ist, aber wenn sie zu uns kommt, tappen die Mäuse von allein in die Falle. Zu Weihnachten besucht sie uns immer. Seit dreißig Jahren. Dieses Jahr machen wir's anders. Diesmal lassen wir sie rein. Ich will auch nicht sagen, daß sie dick ist – nein, um Himmels willen. Aber ihre Unterhosen...

Stop, stop. Wir alle kennen die Witze über Schwiegermütter. Die Männer verunglimpfen seit ewigen Zeiten die Mütter ihrer Ehefrauen, posieren als Opfer dieser Tyranninnen mit ihren riesigen Unterhosen und ihrer unbesiegbaren Autorität. Aber wenn man das reale Leben betrachtet – ist das alles wahr? Nur wenige Ehemänner stehen wirklich auf Kriegsfuß mit ihren Schwiegermüttern. Viele kommen geradezu erschreckend gut mit ihnen aus, flirten schamlos mit ihnen und loben ihre Kochkünste über den grünen Klee (zum Ärger der berufstätigen Ehefrauen).

Diese Beziehung kann sich zeitweise etwas abnutzen, aber im großen und ganzen leiden die Männer nicht allzusehr darunter, obwohl sie die bewußten Witze zum besten geben. Während Frauen – die vermutlich viel eher gepeinigt werden, weil sie Mummys Goldschatz entführt haben – niemals Schwiegermutterwitze zu erzählen scheinen. Vielleicht, weil das alles für sie viel zu ernst ist. Schon unter günstigsten Umständen ist das Leben im größeren Familienkreis etwas heikel; das Verhältnis zwischen einer jungen Ehefrau und der Mutter ihres Mannes kann so fragil sein wie Zuckerwatte. Keine Frau, mit der ich darüber sprach, erklärte sich bereit, ihren richtigen Namen drucken zu lassen – nicht einmal, wenn sie sich positiv geäußert hatte.

Wir alle stürzten uns vor einigen Jahren eifrig auf das Thema und gruben wundervolle Anekdoten aus, als die damalige Premierninisterin, Mrs. Thatcher, eine neue und noch strengere Rolle übernahm, nachdem Mark, ihr Sohn, Diane Burgdorf zum Altar geführt hatte. »Stellt euch das vor!« riefen wir. »Die eiserne Lady ist Schwiegermutter geworden! Armes Mädchen!«

Doch dann erkannten wir, welch eine simplifizierende Reaktion das war. Wahrscheinlich ist es sogar vorteilhaft, wenn man eine Premierministerin als Schwiegermutter hat. Viele Standard-Probleme werden sich gar nicht erst ergeben. Erstens haben Premierminister eine Menge zu tun, und eine vollbeschäftigte Schwiegermutter macht nur selten Ärger. Mrs. Thatcher fand wohl kaum Zeit, um – was eine äußerst liebevolle Mutter während der ersten zwei Ehejahre ihres Sohnes tat – jeden Montag aufzutauchen und seine schmutzige Wäsche zu holen. »Ich bin keine besonders ehrgeizige Hausfrau«, erklärte die Schwiegertochter dieser Reinlichkeitsfanatikerin, »und ich wäre nicht böse gewesen, wenn die alte Schachtel auch meine Sachen mitgenommen hätte. Aber das tat sie nie.« Ebenso unwahrscheinlich ist es, daß die oft verreiste Mrs. Thacher übertrieben häufig am Eßtisch des jungen Paares saß. Und so dürfte sie den beiden die Querelen um zu rohe Kartoffeln, Knoblauchallergie und »Truthahnfüllung aus der Fertigpackung? Wie amüsant!« erspart haben.

Andererseits dachten wir, die junge Mrs. Thatcher würde einiges auf sich nehmen. Wenn man einen Mann heiratet, dessen Mutter ein wahrer Ausbund an Tüchtigkeit und Energie ist und pro Nacht nur vier Stunden schläft, sollte man damit rechnen, daß man gewisse Ansprüche erfüllen muß. Die Ehe mit dem Sohn einer »wundervollen Frau« kann ganz schön anstrengend sein.

Nehmen wir zum Beispiel Chloe, eine intelligente, keineswegs häßliche, sympathische Lehrerin. Ihr Haus ist nicht verschlampt (obwohl sie in den neun Monaten seit ihrem Einzug noch immer nicht die Vorhänge gesäumt hat). Sie hat Erfolg im Beruf, wenn sie's auch nie zur Schuldirektorin bringen wird, und für ihren Mann Edward und den drei Monate alten Sohn sieht sie gut genug aus. Sagt Edward. Nur – seine Mutter, eine berühmte Schönheit, leitet ihr eigenes internationales Unternehmen, und ihr Haus, das sie selbst ausgestattet hat, wurde in einem Illustriertenartikel als Paradebeispiel für klassische Inneneinrichtung gepriesen. Sie hat sämtliche Farben und Materialien persönlich ausgesucht, alle Petit-point-Kissen eigenhändig gestickt. »Auf Geschäftsreisen entspanne ich mich gern mit Handarbeiten«, verkündete sie. Die charmante Dame wird von ihren drei Söhnen vergöttert. Aber Chloe fühlt sich von dieser wundervollen Frau dermaßen genervt, daß ihre Strümpfe lauter Laufmaschen bekommen, weil sie die Zehen so heftig zusammenkrampft. Sie ist nicht nur jünger und ärmer und weniger lebenserfahren als die Schwiegermutter, sie weiß auch, wie vergeblich das Bestreben wäre, ihr nachzueifern.

Zum Glück merkt Edwards Mummy nichts davon. Sobald eine starke Frau herausfindet, daß ihr die Frau des Sohnes mit Abneigung und Angst begegnet, kann sie ziemlich eklig werden. »Meine beiden Söhne haben gräßliche, spießige graue Vorstadtmäuse geheiratet«, erzählte mir eine dominante Mutter. »Mit denen rede ich gar nicht mehr. Ich werfe ihnen einfach ein Stück Käse in die Ecke, und alle Neuigkeiten erfahre ich von meinen Jungs.«

Seltsamerweise registrieren nur wenige betroffene Söhne, daß ihre Ehefrauen von den Müttern abgeschrieben wurden. Sie nehmen es nicht einmal zur Kenntnis, wenn ihre Frauen sie darauf hinweisen. Einmal verbrachte ich ein Wochenende im Haus eines Freundes. Seine Mutter konnte mich offensichtlich nicht ausstehen, und es war niederschmetternd, wie unhöflich sie mich behandelte. Als ich mich bei ihm beschwerte, lächelte er doch tatsächlich und erwiderte: »O ja, Mutter ist eine wunderbar starke, sehr individuelle Persönlichkeit, die stets ausspricht, was sie denkt. Gerade deshalb wird sie von allen Leuten so geliebt.« Ende der Romanze, gerade noch rechtzeitig.

Männer, die so innige Beziehungen zu ihren Müttern haben, können sogar die schlimmsten Feinde der eigenen jungen Familien werden, wenn sie die Gefahren nicht früh genug erkennen. Eric – mittlerweile geschieden – gibt zu, seine Frau sei mit einem vierjährigen Kind, einem Baby, einem

Teilzeitjob und einem großen, schwer heizbaren Haus in einer fremden Umgebung völlig überlastet gewesen. Trotzdem machte er auf dem Heimweg von der Arbeit regelmäßig halt im Cottage seiner Eltern, um einen Drink zu nehmen und ein bißchen zu plaudern. Einen dicken, staubfreien Teppich unter den Füßen, hausgemachte Käsestäbchen neben dem Ellbogen, erzälte er Mum von den Erfolgen und Problemen des vergangenen Tages. Immer war sie eine interessierte, intelligente, aufmunternde Zuhörerin – was wir alle eines Tages sein werden, wenn wir genug Schlaf finden und uns nur mehr um die eigenen Socken kümmern müssen. Wenn er dann zu seiner Frau nach Hause kam, die gerade das Baby gebadet hatte und nun ebenso erschöpft wie hoffnungslos den Inhalt des Kühlschranks betrachtete, stellte er unwillkürlich Vergleiche zwischen den beiden Häusern und ihren Bewohnerinnen an. Es war sein Vater, der die Dinge endlich beim Namen nannte und meinte, Eileen brauche vielleicht ein bißchen Hilfe, wenn sie die Kleinen zu Bett bringe. Doch da war es bereits zu spät. Eileen kehrte mitsamt den Kindern zu ihrer eigenen Mutter zurück.

Man muß akzeptieren, daß es so mancher Mutter schwerfällt, den Sohn aus ihrer Obhut zu entlassen – besonders, wenn er schon sehr früh heiratet. Eben noch hat sie sich sorgenvoll gefragt, ob er genug ißt, ob er wegen seiner Erkältung zum Arzt gehen müßte, ob er sich in seinem Job wohl fühlt. Und ehe sie sich's versieht, ist sie die Mutter eines Bräutigams und übergibt ihn einem unbekümmerten Mädchen, das noch nie im Leben ordentlich ein Bett gemacht hat und vermutlich Fertignahrung kauft.

Eine erfahrene Bräutigamsmutter (drei Söhne verheiratet, einer noch ledig) erklärte mir, wenn sie in der Kirche gesessen und ihre Jungs vor dem Traualtar beobachtet habe, sei es ihr so vorgekommen, als würde sie das letztemal durch ihr einstiges Heim gehen, die Stellen betrachten, wo früher ihre Möbel standen, und sich fragen: Was wird der neue Besitzer aus meinem Haus machen? Da gibt es natürlich einen gewissen Unterschied. Wenn statt eines Hauses ein Mann weitergereicht wird, bleibt die »Einrichtung« der ersten Frau, die für ihn wichtig war, bestehen. Falls Mum ihn gelehrt hat, seine Kleidung einfach auf den Boden zu werfen und um Punkt sieben Schmorbraten mit dicker Sauce zu erwarten, ist er erst mal programmiert. Und im Gegensatz zu einem ehemaligen Hauseigentümer wird Mum stets in der Nähe sein, durch die Räume seines Lebens schwirren und feststellen, ob sie sich durch die Ehe verändert haben. »Sie ist so ernährungsbewußt«, stöhnt eine Mutter. »Nie kriegt man Bohnen auf Toast.« Oder: »Er war immer so großzügig. Aber seit er mit Anita verheiratet ist, dreht er jeden Penny dreimal um.«

Andererseits wünschen sich Mütter, daß ihre Kinder glücklich werden. Und glücklich zu sein – sichtbar glücklich und unbeschwert –, ist die beste Methode, Kritik und Einmischungen und sonstigen Unannehmlichkeiten vorzubeugen. Männer (und Frauen, wenn's mal andersrum sein sollte)! Hört auf diesen Rat! Falls Eheprobleme auftauchen, ist Ihre Mutter die allerletzte, die Sie um Hilfe bitten sollten, es sei denn, Sie sehen keinen anderen Ausweg mehr. Sie könnte sich bedingungslos auf Ihre Seite stellen und dadurch eine Versöhnung oder Neugestaltung der Ehe verhindern. Und wenn sie sich auf die andere Seite stellt, sind Sie wütend, was Ihnen auch nicht weiterhilft.

Schwiegerväter

...machen ihren Schwiergertöchtern nur selten Ärger. Im allgemeinen sind sie, wenn sie die jungen Frauen nicht mögen, vernünftig genug, ihnen auszuweichen und im Garten herumzuwandern. Oder sie gehen mit den Söhnen in die Kneipe. Aber die Beziehung zwischen Vätern von Töchtern und Schwiegersöhnen ist manchmal ebenso schwierig wie die zwischen Müttern und ihren Schwiegertöchtern; mit dem Unterschied, daß Schwiegermütter eine Menge Munition zu verschießen haben, was Haushalt und Kindererziehung betrifft, während ein Mann seinem Schwiegersohn – nach alter Tradition – höchstens vorwerfen kann, er sei ein schlechter Ernährer.

Wenn Schwiegervater und -sohn streiten, geht es meistens ums Geld. Sollten Sie sich für ein warnendes Beispiel interessieren – Simons Frau Susie hat einen einflußreichen, vermögenden Vater, der sie vergöttert. Wann immer sie unvorsichtigerweise erwähnt, sie würden gerade auf etwas sparen – vielleicht eine Mikrowelle, eine Geschirrspülmaschine oder einen Urlaub – zückt er die Börse, oder die jeweilige Ware wird am nächsten Tag geliefert. Susie sieht kein Problem darin. Simon schon. Er fühlt sich in seinem Stolz verletzt. Darüber sprach er mit seinem Schwiegervater, der ihn für verrückt hielt. »Darf ich meinem kleinen Mädchen denn kein Geschenk kaufen? Außerdem brauchst du ohnehin nicht zu versuchen, ganz und gar für sie da zu sein. Das sagen doch die Feministinnen, oder? Sie verdient ihr eigenes Geld, und ich schenke ihr manchmal was.« Simon ist immer noch unglücklich – besonders, wenn die Geschenke für seine Tochter bestimmt sind, die mittlerweile alt genug ist, um zu wissen, daß Opa ihr alle Wünsche erfüllt.

Natürlich hat ein Mann auch andere Möglichkeiten, sich mit seinem Schwiegervater zu verfeinden. Er kann ihm auf der Tasche liegen, sein Auto ausleihen und zu Schrott fahren oder die geliebte Tochter betrügen. Oder er schickt den Lieblingsenkel auf die falsche Schule. Aber wie Meinungsumfragen und Berichte aus allen Gesellschaftsschichten ergeben, gehen die meisten Schwiegerväter und -söhne sehr gern zusammen einen trinken und genießen es, daß sie keine Kartoffeln schälen und sich keine Geschichten über Nachgeburten anhören müssen. Entweder das, oder sie ignorieren einander.

Großmütter

Wenn das erste Baby zur Welt kommt, sind die Schwiegermütter plötzlich wie verwandelt. Sie wollen sich nützlich machen und fürchten, man würde sie ausschließen. Dadurch werden schwierige Schwiegermütter oft netter und nette schwieriger.

Nell Dunn schrieb ein wunderbares Buch über ihre Gespräche mit Großmüttern. Als ihr eigenes erstes Enkelkind geboren wurde, sagte sie sich: »Erwarte nicht, glücklich zu sein, begnüge dich damit, gebraucht zu werden. Aber ich fühlte mich ziemlich verloren. Erst einmal mußte ich mich an den Gedanken gewöhnen, daß ich nur die Großmutter war, nicht die Prinzessin, die mit dem neugeborenen Prinzen im Bett lag – so wie ich damals, nach der Geburt seines Vaters. Statt dessen stand ich da, die Ärmel hochgekrempelt, und versuchte, mich unentbehrlich zu machen.« Wie sie scharfsinnig bemerkt, übt eine Großmutter viel weniger Macht aus als ihr Sohn oder ihre Tochter, und diese Erkenntnis kann ein Schock sein. »Es ist sehr traurig. Man ist weiter vom Zentrum des Lebens entfernt und dem Tod näher.«

Sobald die frischgebackene Mutter Schwäche oder Inkompetenz zeigt, kehrt die natürliche Autorität ihrer eigenen Mutter oder ihrer Schwiegermutter zurück. Omas riechen Unsicherheit und Angst. Doch wenn das junge Paar eine geschlossene Front bildet, seine eigenen Vorstellungen von Kindererziehung und Familienalltag unmißverständlich zum Ausdruck bringt und Hilfe begrüßt, aber keine Einmischung duldet, wird sich in den meisten Fällen ein *modus vivendi* zwischen den Generationen finden.

Dabei geht es ganz individuell zu. Wie in allen Belangen des Familienlebens, ist es sinnlos, neidisch auf andere Konstellationen zu blicken. Es gibt grandiose, energiegeladene Großmütter, die ständig als Babysitter fungieren, aber auch lebenslustige alte Damen, die ihren Ruhestand viel zu sehr genießen, um sich mit Fläschchen und Töpfchen und brüllenden Enkeln abzugeben, und dauernd auf Reisen sind. Manche Großeltern fallen einem jungen Paar genauso zur Last wie seine Kinder. Aber jede Sorte hat ihre Vor- und Nachteile. Jet-set-Grannys bringen aufregende Geschenke mit und interessante Geschichten aus fernen Ländern, und die zittrigen, klapprigen Omas sitzen da, hören zu und erzählen von alten Zeiten. Also müssen Sie mit dem vorliebnehmen, was Sie haben, und das Beste aus Ihrem Rohmaterial machen. Schielen Sie nicht zu Ihren Nachbarn hinüber.

Tanten und Onkel und Würdenträger

Ob sie nun Blutsverwandte sind oder ihre Titel nur ehrenhalber verliehen bekamen – Tanten und Onkel sind ein Glücksfall für jede Familie. Einzelkinder sollten bei ihrer Geburt so viele Patentanten und Pseudo-Onkel rekrutieren wie nur möglich. Vettern und Kusinen sind natürlich immer nett (auch wenn sie Ihren Kindern manchmal nur demonstrieren, daß es auf der Welt Leute gibt, zu denen man verdammt noch mal nett sein muß, ob man will oder nicht).

Aber ledige Tanten und Onkel sind ungemein wertvoll. Wie Sie bedenken müssen, wird die Weltanschauung Ihrer Kinder von einem sehr begrenzten gesellschaftlichen Kreis geprägt, vor allem, wenn sie nur mit Paaren (oder geplagten alleinerziehenden Müttern und Vätern) verkehren. Und falls Kinder keine Geschwister haben, die bereits Erfahrungen in der Außenwelt sammeln, und nur geschäftige, in ihrer Häuslichkeit verhaftete Eltern kennen, brauchen sie besonders dringend zusätzlichen Anschauungsunterricht, um zu wissen, daß es auch noch andere Lebensweisen gibt. Sie sollen doch nicht in dem Glauben aufwachsen, sie müßten genauso enden wie Sie, oder?

Also bildet die Anwesenheit eines schnarchenden, verkaterten Onkels auf dem Sofa, eines älteren Bohemien-Freundes, der im hinteren Schlafzimmer mehr schlecht als recht Geige spielt, oder eines schicken Tantchens, das sich im Bad mit Chanel besprüht, einen wichtigen Beitrag zum Familienleben. Auch dann, wenn sich die Gemüter beim Lunch manchmal erhitzen – je nachdem, welcher dieser Gäste am Tisch erscheint. Zwischen Kindern aller Altersstufen und Singles können wunderbare Freundschaften entstehen: Kinderlose Leute haben nur selten vorgefaßte Meinungen über die neue Generation. Im allgemeinen sind sie entzückt, weil diese Geschöpfe tatsächlich sprechen. Vielleicht finden sie Ihren nervtötenden Teenager durchaus vernünftig, weil sie selber genauso gern bis Mittag schlafen und nachts bis um drei tanzen. Obwohl Sie zwanzig Jahre jünger sind als die ledigen Onkel und Tanten, gelten *Sie* ex officio als langweilige, von Regeln besessene Mumie. Und da Ihre Single-Freunde keine eigenen Kinder haben, vor denen sie prahlen können, erzählen sie großartige Geschichten von einem Bekannten, der mit einem Löwenjungen auf der Schulter Motorrad fuhr, oder wie sie während einer sündteuren Safari beinahe von einem Nashorn zertrampelt worden wären.

Auch das häusliche Leben solcher alleinstehender Tanten und Onkel fasziniert anständig erzogene Kinder. Wir haben einen hochgeschätzten Freund, einen Bildhauer von Ende Fünfzig. Er wohnt in einem grandiosen exzentrischen Haus voller Kunstwerke und anderer Dinge, die möglicherweise einmal Kunstwerke werden. Aber am besten gefällt's meinen Kindern, wenn er eine Küchenschublade öffnet und Zwiebel- und Kartoffelschalen, Kerngehäuse von Äpfeln und sonstigen vegetarischen Abfall zum Vorschein bringt. »Meine Vorräte für nächste Woche«, erklärt er seelenruhig.

Eine Nichte schrieb eine Geschichte über ihre ledige Tante und berichtete ehrfürchtig, am schönsten sei es gewesen, »wenn wir mit ihr in flotte Restaurants gingen. Immer wieder gab sie uns Geld und schickte uns raus, damit wir die Parkuhr füllten, was gegen das Gesetz verstieß, und einen Teil der Münzen durften wir behalten«. Andere Onkel und Tanten und Paten bieten den Kindern im Lauf der Jahre ausgefallene Sportarten, bizarre Ausflüge, schockierende politische Ansichten und hören sich bereitwillig die schändlichen Ideen der Teenager an, zum Beispiel Zukunftspläne, die nichts mit der Universität zu tun haben, dafür aber mit einem völlig unpassenden Freund.

Diese adoptierten Verwandten sind lebenswichtig; sie repräsentieren die Welt der Erwachsenen, aber eine unparteiische, haben keine emotionalen Energien in das Kind investiert und sehen deshalb gelassen zu, wie es seine eigenen Fehler macht. Und man kann ihnen alles gestehen. Hätte mir in gewissen Teenager-Phasen meine Tante Dorothy gefehlt, wäre das Leben viel öder gewesen.

Und wenn man Glück hat und seine Trümpfe richtig ausspielt, werden einem die Tanten und Onkel auch einiges anvertrauen und gute Ratschläge erteilen. Besonders, was die ersten Liebesbeziehungen mit gräßlichen Freunden und Freundinnen angeht. Ein Onkel erklärte allen Eltern seines Bekanntenkreises, es gebe nur eine einzige Möglichkeit, unwillkommene Verehrer(innen) ihrer Kinder loszuwerden: Man müsse sie mit offenen Armen aufnehmen und rufen: »Hi, Killer, wie schön, dich wiederzusehen! Was treibt die Gang denn grade?« Oder: »Amanda! Sag mir doch, wo du diesen Rock gekauft hast! Ich wünschte, ich hätte auch die Figur für Neopren.« Wenn Sie das tun, werden Ihre Kinder die Typen fallen lassen wie heiße Kartoffeln.

Sand im Getriebe und Erbfaktoren

Der Kontakt mit dem größeren Familienkreis und Außenseitern bringt einen besonderen, oft verkannten Vorteil mit sich: Er macht nichtangepaßten Kindern das Leben leichter. Sicher wissen Sie, was ich meine – die Kinder, die ständig Sand ins Getriebe schütten, die schwarzen Schafe, die einem immer wieder Kummer bereiten. In jeder großen Familie gibt es so jemanden, und in den Zeiten, wo große Familien noch üblich waren, hielt man das für eine Tatsache des Lebens und akzeptierte es. »Ach, reg dich nicht über Adrian auf, du weißt ja, wie er ist.«

Wenn eine Familie Glück hatte, spielten einzelne Mitglieder abwechselnd die Rolle des schwarzen Schafs. Das eine Kind beendete die schlimme Phase gerade dann, wenn sie bei einem anderen begann. Vielleicht entstanden sogar kurze Ruhepausen, in denen Mum und Dad selber ein bißchen spinnen konnten. Aber meistens schwamm ein und dasselbe Kind ausdauernd gegen den Strom, und alle anderen mußten sich damit abfinden. »Nun, sie war schon als Baby schwierig. Sicher wird sie bald wieder mit uns reden / das Familiensilber zurückbringen / ihre Traumwelt verlassen. Wenn sie erst mal erwachsen ist...«

Heutzutage, wo es so viele Zwei-Kinder-Familien gibt, haben wir leider die Fähigkeit verloren, uns an weniger angepaßte, diffizilere Mitglieder zu gewöhnen. Man hat zwei Kinder, und damit basta. Wenn's auch noch ein Junge und ein Mädchen sind, sagen alle: »Ah! Eine richtige kleine Familie!« Und sie erwarten, man müßte wundervoll symmetrisch sein, in sich geeint, nett und liebevoll, und alle müßten einander im großen und ganzen gleichen.

Doch das Leben ist nicht so. Ob Sie nun zehn Kinder haben oder zwei – die Möglichkeit, daß sich eins zu einer schwierigen Persönlichkeit entwickelt, bleibt bestehen. Dieses Kind muß keineswegs gestört sein, durch Mißbrauch oder zu wenig Liebe oder sonstige Mängel, es ist einfach nur schwierig. Das gehört zu den Gründen, warum ich lange gezögert habe, dieses Buch zu schreiben: Fatalerweise kann es sehr leicht sein, Ratschläge fürs Familienleben zu geben und den Eindruck zu erwecken, wenn man von Anfang an alles gut und richtig machen würde, wenn man entspannt und liebevoll wäre und alles im Griff hätte, müßten alle Familienmitglieder vorbildliche Bürger sein und bestens miteinander auskommen.

Das ist Unsinn. Babys werden mit einem Großteil ihrer Persönlichkeit geboren. Sicher, durch extreme Grausamkeit oder Vernachlässigung können wir sie in argwöhnische, unglückliche, lieblose, vielleicht sogar kriminelle Menschen verwandeln. Andererseits können wir nicht garantieren, daß sie sich zu angenehmen Zeitgenossen entwickeln werden. Ich kenne einige wohlerzogene, im Grunde vernünftige Leute, die unglaublich schwierig sind – zerstreut oder exzentrisch, egoistisch oder geistesabwesend, daß es unhöflich wirkt, auf einem Gebiet überaus clever (wie Computerexperten oder Schriftsteller), aber in anderen Bereichen fast schwachsinnig. Gewiß sind verantwortungslose Eltern teilweise für dieses Fehlverhalten verantwortlich, jedoch nicht ausschließlich. Man kann alles richtig machen, falls es überhaupt eindeutig »richtige« Methoden gibt, und trotzdem rieselt Sand ins Familiengetriebe.

Der größere Familienkreis ist im Zusammenleben mit diesen komischen Käuzen hilfreich, weil deren charakterliche Eigenheiten vielleicht ererbt sind. Manche Frauen berichten von entnervenden Erlebnissen auf der Entbindungsstation. Da liegt eine junge Mutter, von Gefühlen überwältigt, und dann starrt ihr aus den Tiefen eines weißen Babybetts der widerliche Onkel ihres Ehemanns entgegen. Natürlich, ein viel kleinerer Onkel Reggie, aber unverkennbar – die Augen, die Nase, die Mundwinkel heimtückisch nach unten gezogen. Zunächst schnappt man nach Luft, dann öffnen sich die winzigen rosa Lippen und brüllen, und alles hat wieder seine Ordnung. Das ist nicht Onkel Reggie, nicht mal ein Junge, sondern eine kleine Tochter, und man wird sie lieben. Falls man Glück hat, läßt die Ähnlichkeit mit Onkel Reggie allmählich nach.

Es ist faszinierend, wie viele verschiedene Familienähnlichkeiten über die kleinen Gesichter Neugeborener huschen können. Das genetische Kaleidoskop wurde geschüttelt, zwei Sippen taten sich zusammen, und in den ersten Tagen erkennt man in seinem Baby eine Kusine zweiten Grades wieder, einen Urahnen, eine bestimmte Grimasse des Großvaters; für wenige Sekunden taucht eine halbvergessene Tante aus der Kinderzeit auf, das erste Lächeln erinnert an die verstorbene Mutter. Trotzdem ist das Baby ein Individuum. Einzigartig. Andererseits hat es Mummys große Augen, Daddys Temperament, Grannys Humor und ...

Ja, wahrscheinlich auch Onkel Reggies wilde, asoziale Neigungen. Ein kleines Souvenir vom schwarzen Schaf der letzten Generation. Falls Sie aus einer glücklichen Familie stammen, wird Sie das amüsieren. Und es wird Sie beglükken, wenn Sie Ihrem fünfjährigen Sohn eines Tages das Haar aus der Stirn streichen und in seinem Gesicht plötzlich die Züge Ihres Lieblingsbruders wiederfinden. Sollten Sie stolz auf Ihre dichterisch begabte Schwester oder den Vetter Ihres Mannes sein, ein Mitglied der Berliner Philharmoniker, werden Sie sich freuen, sobald Ihre kritzelnden und trommelwirbelnden Spößlinge ähnliche Talente zeigen. Und wenn man ein Kind hat, das kein einziges Erbgut aufweist, ist es besonders hilfreich, im Kreis einer großen, freundlich gesinnten Familie zu leben. Angenommen, beide Eltern sind häuslich und solide, und eins ihrer Kinder sehnt sich nach Abenteuern. Während es heranwächst, wird es inmitten der Großeltern, Onkel und Kusinen wahrscheinlich jemanden aufspüren, der ihm Verständnis entgegenbringt. Jemanden, der vielleicht schon einige Abenteuer hinter sich hat.

Angenommen, Sie sind eine Gesellschaftslöwin, und Ihr Sohn ist ein scheuer Bücherwurm. Sicher versuchen Sie, sich in ihn hineinzufühlen, aber irgendwo in der Familie gibt es vermutlich jemanden, der das besser kann, aus seiner eigenen Veranlagung heraus. Bei großen Familienfesten beobachtet man manchmal Kusinen verschiedenen Alters, die sich nur selten sehen und einander nun freudig wiederkennen. Ich bin nicht wie meine Eltern und mein Bruder, denken sie, aber so wie du – und nicht allein.

So etwas kommt allerdings nur in glücklichen Familien vor. Und was tun Sie, wenn Ihr Kind einem Todfeind gleicht? Das ist keine müßige Frage. Ich kenne eine Frau, die glücklich mit ihrer ersten Tochter war. Aber als die zweite geboren wurde, sah sie zu ihrem Entsetzen die unverwechselbaren Züge ihrer Schwiegermutter in dem kleinen Gesicht. Diese kaltherzige, bösartige, verbitterte Frau hatte ihr bestes getan, um die Ehe ihres Sohnes zu verhindern, an seiner Hochzeit nicht teilgenommen und ihn wegen der unstandesgemäßen Heirat enterbt. Von der Entbindug ohnehin erschöpft, versank die junge Mutter in eine schwere postnatalen Depression, von der sie sich erst nach einigen Monaten erholte. Sie mußte sich sehr beherrschen, um das Baby nicht wütend zu schütteln, wenn es hochmütig die Lippen kräuselte und jene verächtliche Miene aufsetzte, unter der sie so oft gelitten hatte. Das Aussehen des kleinen Mädchens veränderte sich, aber die Mutter wurde noch lange von Gewissensbissen gequält. »Beinahe hätte ich sie gehaßt. Hin und wieder entdecke ich immer noch Gesten, die mich an die alte Celia erinnern, und dann dreht sich mein Magen um.«

Manche Kinder laden wegen geringer Vergehen unverhältnismäßigen Zorn auf sich, nur weil sie zufällig jemandem ähneln oder alte Erinnerungen heraufbeschwören, mit denen sie nichts zu tun haben. Falls Sie zum Beispiel ein alleinerziehender Vater sind und Ihre eitle, selbstsüchtige Frau nach der Geburt Ihrer Tochter mit einem anderen Mann weggelaufen ist, werden Sie sich nicht gerade freuen, wenn die Kleine in den Spiegel starrt und zwitschert: »Oh, wie hübsch ich bin!« Oder sollte Ihr trunksüchtiger Vater die Familie ruiniert haben, könnten Sie etwas übertrieben reagieren, wenn Ihr Teenager-Sohn erste Erfahrungen mit einer Flasche Cidre sammelt.

So etwas muß man sich klarmachen und darüber lachen. Und gestatten Sie keinem Kind, nur wegen einer Familienlegende das offizielle schwarze Schaf zu werden. Die Debatte über die Auswirkungen von ererbtem Charakter und Erziehung wechselt von Generation zu Generation. Vor vierzig Jahren herrschte die Überzeugung vom unveränderlichen Erbgut. Oft nahmen die Familien verurteilter Mörder andere Namen an, um ihren Kindern ein Stigma zu ersparen. Und Frauen, die Waisen adoptierten, wurden eindringlich gewarnt: »Man weiß doch nicht, was in dem Kleinen steckt…« Heutzutage schwingt das Pendel in die andere Richtung, und man pflegt den Erziehungsberechtigten (meistens den Müttern) jede Bierdose übelzunehmen, die vom Balkon fliegt, jedes gestohlene Auto, das ins Schaufenster eines Juwelierladens kracht. Zweifellos haben beide Auffassungen was für sich. Alle Eltern wissen, das ihr Kind von Geburt an bestimmte Wesenszüge besitzt, die es mit den Familien seiner Erzeuger teilt und die manchmal beunruhigende Ausmaße annehmen. Man kann nichts weiter tun, als die asozialen Tendenzen einzudämmen und die guten Eigenschaften zu fördern.

Das Kaleidoskop mischt jedesmal ein neues Muster zusammen, aus verschiedenen alten und neuen Farben. Und wenn sie auf der Entbindungsstation liegen und erschrocken in Onkel Reggies heimtückisches Gesicht starren – fassen Sie Mut. Vielleicht wird die fehlgeleitete Energie, die in Onkel Reggies Hinterlist und oberflächlichem Charme resultierte und seine Karriere als Betrüger, Dieb und Verführer reicher Witwen begünstigte, bei Ihrer Tochter relativ harmlose, akzeptable Formen annehmen. Zum Beispiel könnte sie Journalistin werden.

11. Schultage (und die Nächte dazwischen)

In *Die Kunst, (k)eine perfekte Mutter zu sein – Teil II* behandelte ich das Stadium des Schulanfangs. Viele der Prinzipien, die ich darin aufstellte, gelten auch für die spätere Schulzeit: Schicken Sie Ihr Kind nicht auf eine Schule, deren Direktor Ihnen Angstschauer über den Rücken jagt. Suchen Sie beim Lehrkörper nach echtem Interesse und lassen Sie sich nicht mit nüchternen Statistiken abspeisen; halten Sie Kontakt zu den Lehrern, und wenn es Ihre Zeit erlaubt, engagieren Sie sich im Elternbeirat, helfen Sie mit, Schulfeste, Theateraufführungen etc. zu organisieren. Laden Sie Schulfreunde möglichst oft zu sich nach Hause ein. Die Schule soll kein fremder Ort sein, den nur Ihre Kinder kennen. Nehmen Sie Anteil daran, beziehen Sie die Mitschüler in Ihren Familien- und Freundeskreis ein. Dadurch erfahren Sie am besten, was im Leben Ihrer Kinder geschieht und wovon sie beeinflußt werden.

Aber während die Jahre dahingehen, treten Sie um Himmels willen kürzer. Wenn es etwas Schlimmeres gibt als desinteressierte Eltern von Grundschülern, die nicht einmal wissen, wie die Schule heißt, dann sind es die Eltern eines Teenagers, die einfach nicht lockerlassen. Ich entwickle eine besonders heftige Abneigung gegen Eltern, die sich überall einmischen, weil ich die ersten Symptome bei mir selbst bemerke. Meine Kinder, noch nicht zehn Jahre alt, mußten mich schon mehrmals energisch daran erinnern, daß sie keine Babys mehr sind und verschiedene Probleme oder ihren Ärger mit Lehrern selbst meistern können. Von ihren

Schwierigkeiten mit dem Rugby-Team oder einer ungerechten Strafe erzählen sie mir nur, weil sie einen Resonanzboden brauchen – keine rachsüchtige Furie. Wenn ich weiterhin versuche, so eklatant mitzumischen, werden sie mir bald nichts mehr anvertrauen. Also sitze ich auf meinen Händen und beiße mir auf die Zunge. Es ist ihr Leben. Ich habe die Schule ausgesucht, aber ich kann nicht mit ihnen hingehen. Selbst wenn ich gebeten werde, die Klasse ins Museum zu begleiten (O ja! Ja! Alles lieber als meine Arbeit! Ich liebe alte Karossen und Museen und ich tratsche so gern mit den Lehrern!), frage ich meinen Sohn unterwürfig, ob es ihn stört, wenn ich in seine andere Welt eindringe. Bis jetzt macht es ihm nichts aus. Aber die Zeit wird kommen, wo ich mich in Luft auflösen muß...

Und jetzt ein paar Elternaktivitäten, die den Kindern in der Schulzeit helfen:

Zuhören. Wie viele Eltern einmütig erklären, sind die Schuljahre von Teenagern schwieriger als die Kindergarten- und die Grundschulzeit. Kleine Kinder können es kaum erwarten, daheim alles zu erzählen. Wenn sie älter werden, warten sie, brüten vor sich hin, ehe sie mit einer erschütternden Neuigkeit herausrücken (»Ich glaube, Mr. Farthingale ist scharf auf mich. In der Biologiestunde schaut er mich immer so komisch an.« Oder: »Mum, kann man violette Pillen mit gelben Punkten als Drogen bezeichnen?) Selbst wenn solche Dinge während Ihrer Lieblingsfernsehsendung um dreiundzwanzig Uhr erwähnt werden, wäre es unbesonnen, nicht zuzuhören.

Versuchen Sie, das Ethos der Schule zu verstehen. Eine Schule ist keine effiziente Informationstankstelle: Sie übt einen starken moralischen Einfluß auf Ihr Kind aus, oder sie ist keine gute Schule. Gewisse Ideale mögen nicht mit Ihren übereinstimmen, und es könnte zu Zusammenstößen kommen. Ich erinnere mich noch gut, wie wütend ich wurde, als ein ehemaliger hoher Regierungsbeamter bei einer Schulfeier eine Rede hielt und den Kindern einschärfte: »Am wichtigsten ist eine stabile Gesellschaft – vergeßt das niemals, Kinder, eine stabile Gesellschaft.« Als wäre Ceaucescus Rumänien nicht stabil gewesen. Und Breschnews Sowjetunion. Glücklicherweise wußte ich, daß der Direktor für eine freie, rücksichtsvolle, gerechte Gesellschaft eintrat und diesen Vortrag sicher genauso schlimm fand wie ich. Wäre mir das nicht bekannt gewesen, hätte ich vermutlich feindselige Gefühle entwickelt.

Eine Mutter verriet mir, wie überrascht und schockiert sie gewesen sei, als sie herausgefunden habe, daß die Sexualerziehung in der Schule ihrer Tochter ausschließlich auf gesundheitliche Probleme, die Vermeidung von Aids und anderer Krankheiten abzielte; alle Eltern, deren Kinder auf diese Schule gegangen waren, hätten ihr sagen können, sie müsse sich an eine andere Adresse wenden, wenn sie eine Erörterung von Themen wie Liebe, Ehe, Zeugung und Treue wünsche. Jene Schule war bekannt für ihre profane, pragmatische Philosophie (»Alles ist okay, wenn du ein Kondom benutzt.«). Ich will nicht behaupten, Sie müßten mit allem übereinstimmen, was die Schule an persönlicher, gesellschaftlicher und moralischer Erziehung zu bieten hat. Aber wenn Sie die Leitlinien kennen, sollten Sie mit Ihren Kindern darüber diskutieren, ihren Horizont erweitern und den Standpunkt der Schule in gewissen Punkten anfechten, ohne in Wut zu geraten. Und es schadet nicht, ältere Kinder darauf hinzuweisen, ein hervorragender Mathematiklehrer müsse nicht unbedingt ein Experte auf Gebieten wie Sex, Religion oder Rassenintegration sein.

Werden Sie keine Erziehungsneurotikerin. Das ist ein schwieriges Thema in diesen Zeiten der Rezession und Bildungsreform, wo jeder Thekenphilosoph eine Theorie über die Mängel unserer Schulen verkündet und opportunistische Erziehungspsychologen ihre Tests für Lesen, Rechtschreibung und Rechnen propagieren, die man per Post bestellen kann, um sein Kind zu prüfen. Eine sehr dünne Grenze verläuft zwischen der Erkenntnis, daß ein Kind nicht viel lernt, und dem besseren Drang, das zu ändern. Was die Schulausbildung betrifft, wird es immer Eltern geben, die sich nicht drum kümmern, Eltern, die sich dafür interessieren, und Eltern, die sich viel zu intensiv damit befassen.

Aus journalistischen Gründen legte ich meiner Tochter (der so was großen Spaß macht) einmal einen Text vor. Sie setzte sich mit dem Papier hin, und mit zahlreichen modischen Kommentaren wie »Super« und »Affengeil« konzentrierte sie sich eine halbe Sunde lang, las Wörter wie »Verkehrsstau« und »Weißglut«, hatte aber Schwierigkeiten damit, »Champagner« zu buchstabieren. Da sehen Sie, aus was für einem Haushalt sie kommt. Viel Verkehrsstau und kein Champagner. Das Urteil der Psychologen fiel recht eindrucksvoll aus, so ähnlich, wie sie auch in der Schule bewertet wird, doch dann schockierten sie mich mit der Erklärung: »Sie kann großartig lesen, sehr gut buchstabieren und auch gut rechnen, zeigt in diesem Fach aber nicht die gleichen ausgezeichneten Leistungen. Sie sollte sich damit beschäftigen.« In diesem Punkt entstand ein philosophischer Unterschied zwischen den Experten und mir: Warum soll das arme Kind seine mathematischen Studien forcieren, wenn es ohnehin dem guten Durchschnitt entspricht? »Um ihr Potential auszuschöpfen«, erwiderte der Psychologe streng. »Ein intelligentes Kind sollte auf jedem Gebiet erstklassige Leistungen bringen.« Wir konnten uns nicht einigen. Ich finde nämlich, man sollte einen kleinen Einstein nicht zwingen, Bücher zu lesen, die höheren Alterstufen entsprechen. Dasselbe gilt für eifrige Bücherwürmer, die kleine Probleme mit der Mathematik haben, und besessene Naturhistoriker, die alles über den Lebenszyklus der Schnecken wissen, aber in anderen Fächern keine so spektakulären Erfolge erziehlen. Jedes Kind müßte dem normalen Standard etwa entsprechen, aber wenn es auf einem Gebiet besonders tüchtig ist, darf man nicht von ihm erwarten, in allen Fächern zu brillieren.

Drängen Sie die Schule nicht, den Lernprozeß eines intelligenten Kindes zu beschleunigen. Nun kommen wir zu einer strittigen Frage. Viele Eltern meinen, ein hochintelligentes Kind würde sich in seiner Altersgruppe langweilen, und wollen es in einer höhere Schulstufe versetzen lassen. Auch mir passierte das, nicht weil ich übermäßig schlau war, sondern weil ich aus einem fortschrittlichen französischen Schulsystem für ein Jahr nach Johannesburg kam, wo man alles etwas langsamer anging. Mit zwölf Jahren saß ich inmitten heftig pubertierender Fünfzehnjähriger, und das war keineswegs angenehm. Wenn ein Kind wirklich zu intelligent für seine Klasse ist, könnte man seine Lehrer veranlassen, ihm eine persönliche Weiterbildung zu ermöglichen. Viele Schulen sind dazu bereit. Manche Kinder sind reif genug, um gemeinsam mit Schülern zu lernen, die zwei Jahre älter sind. Aber die meisten können das nicht, und sie hassen es. Ich kenne eine junge Frau, die mit fünfzehneinhalb statt mit achtzehn Jahren auf die Universität ging, was ihr mehr schadete als nützte. Für drei Jahre aus ihrem gesellschaftlichen Umfeld gerissen, legte sie schließlich keinen Wert mehr auf ihre Talente und heiratete mit neunzehn. Seither rührt sie kaum noch ein Buch an.

Schulwechsel

Daß ein Kind durch einen Schulwechsel gestreßt wird, ist eine Binsenwahrheit. Einige Kinder brannten in solchen Situationen sogar durch, oder sie bekamen geheimnisvolle Krankheiten. Also brauchen sie in dieser Phase die besondere Unterstützung ihrer Familie, so wie jeder, der ein neues Leben beginnt – eine Braut, ein Auswanderer, ein soeben beförderter, noch ganz schwindliger Geschäftsführer. Kinder, die ihre Schule wechseln müssen, erleiden einen schmerzlichen Verlust. Sie verlieren vertraute Lehrer und, auch wenn sie weiterhin mit ihnen befreundet bleiben, ihre Kameraden, und sie werden in ein völlig neues Milieu versetzt, wo andere Gewohnheiten herrschen, wo man eine andere Sprache spricht und vielleicht höhere Erwartungen stellt.

Die Situation wird noch schwieriger, wenn die Eltern den Verlust ebenfalls empfinden. Eine gute Grundschule – die erste Außenwelt, der man sein Kind anvertraut – kann einen wichtigen Einfluß auf das Familienleben nehmen. Wenn Sie sich an schulischen Aktivitäten beteiligen, Feiern und Ausflüge organisieren, im Elternbeirat sitzen oder manchmal die Aufsicht im Klassenzimmer übernehmen, wird sich auch Ihr Leben ändern, wenn das Kind die Schule verläßt. (Unsere Grundschule war so wundervoll, daß viele Eltern es nur schwer ertrugen, den Elternbeirat zu verlassen, als ihre Kinder die höhere Schule besuchten.) Eine Psychiaterin erzählte mir, sie würde mehrere Mütter behandeln, deren Kinder seit kurzem auf die höhere Schule gehen und die von unerklärlichen Depressionen geplagt werden. Wenn die neue Schule eine Bus- oder Bahnfahrt entfernt liegt, wenn Sie sich nicht mehr täglich mit anderen Eltern am Schultor treffen, wird Ihnen vielleicht auch etwas fehlen. Und da größere Schulen eine etwas kühlere Distanz zu den Eltern wahren als die gemütlichen kleinen Grundschulen, erscheint der Verlust um so schlimmer. Womöglich verschärft sich die Situation, weil es zwischen Vater und Mutter langwierige Diskussionen über die Frage gegeben hat, auf welche Schule das Kind geschickt werden soll.

Ich will nicht behaupten, daß Ihnen das alles passieren wird. Aber machen Sie sich darauf gefaßt. Kinder spüren die Stimmungen und die Zweifel ihrer Eltern. Aber sie sollen nicht verängstigt, sondern optimistisch auf ihre neue Schule gehen, voller Hoffnung und Zuversicht. Und man muß fair sein und der Schule erst einmal die Möglichkeit geben, ihre Qualitäten zu zeigen. Wenn ein Elternteil unsicher und skeptisch ist, sollte er sich erst einmal von der Schule fernhalten und es dem anderen, vielleicht etwas zuversichtlicheren überlassen, sich um diese Dinge zu kümmern. (Schon wieder eine Hürde, die sich alleinerziehenden Müttern oder Vätern in den Weg stellt. Tut mir leid. Vielleicht gibt es jemanden, der Ihnen helfen kann, die richtige Perspektive zu finden? Einen Onkel oder eine Tante?)

Wenn Sie hart gekämpft oder Opfer gebracht haben, um Ihr Kind auf die Schule Ihrer Träume zu schicken, wollen Sie natürlich den Eindruck vermeiden, daß sie Ihnen besser gefällt als dem Kind. Falls das Kind diese Schule haßt, sollten Sie wenigstens versuchen, seinen Standpunkt zu verstehen. Und wenn sich das Kind nach einigen Monaten immer noch unwohl fühlt, erwägen Sie, Ihren Traum aufzugeben und eine andere Schule zu suchen.

Eine Schule kann fabelhafte naturwissenschaftliche Labors, gepflegte Sportplätze und einen hervorrgenden Ruf besitzen – und trotzdem deprimierend wirken. Ich erinnere mich noch gut, wie herzlich ich einmal einer neuen Bekannten gratulierte, die erwähnt hatte, ihre Kinder würden eine der Schulen mit gutem Ruf besuchen, und nun empört fauchte: »Im nächsten Jahr hole ich sie da raus. Ein gräßlicher Schuppen! Die Lehrer scheinen nicht zu wissen, wie man lächelt, die Kinder sind erschöpft und nervös. Und der Direktor ist ein fürchterlicher rassistischer Snob, dessen Versammlungen irgendwo rechts von den Nürnberger Parteitagen liegen.«

Jetzt sind ihre Kinder vollkommen glücklich. Sie lernen gut genug und viel bereitwilliger – eben auf einer anderen Schule.

12. Die berufstätige Frau

Manchmal laden mich eifrige Direktorinnen zu Schulfesten ein und beschwören mich, eine Rede zu halten und den Mädchen zu erklären, wie man Karriere und Familienleben unter einen Hut bringt. Und das tue ich.

»Ganz einfach, Mädchen«, fange ich an, »kümmert euch nicht um die Hausarbeit und eure äußere Erscheinung. Dann habt ihr genug Zeit, um euren Beruf auszuüben und mit den Kindern zu spielen.« An diesem Punkt spüre ich den Stechblick der Hauswirtschaftslehrerin, die meinen mit Sicherheitsnadeln festgesteckten Rocksaum und meine derangierte Frisur mustert. Und ich höre die Matrone, die seit vier Jahren versucht, die Schülerinnen vom Nimbus eines »gepflegten Äußeren« zu überzeugen, halb erstickt nach Luft schnappen. Spätestens dann halte ich nach der Feuerleiter Ausschau, um die Flucht zu ergreifen, ehe sie über mich herfallen.

Aber wer immer auch die Verantwortung dafür trägt (Mum, Dad, das Kindermädchen oder die Oma) – eine Familie zu bemuttern, ist ein Job. Und irgend jemand muß ihn übernehmen. Falls die gleiche Person zusätzlich auch noch Geld verdient, wird das eine oder andere vernachlässigt. Nach meiner Meinung sind hausfrauliche Perfektion und Augenbrauenzupfen unnötiger Ballast. Vielleicht sehen Sie das anders.

Aber bedenken Sie, daß bezahlte Arbeit ein Teil des Familien-Images ist. Das glückliche, kreative, liebevolle häusliche Leben muß irgendwie finanziert werden. Einer von Ihnen muß arbeiten, es sei denn, Sie haben keine andere Wahl, als die magere Sozialhilfe in Anspruch zu nehmen.

Eine Zeitlang müssen wahrscheinlich sogar beide Eltern einem Beruf nachgehen. In der westlichen Welt hat sich unsere Generation mit absurden Wohnkosten und vermeintlich unverzichtbaren, fürs Ego überaus wichtigen Konsumgütern so effektiv in die Enge getrieben, daß in vielen Familien die Mutter ebenso Geld verdienen muß wie der Vater. Falls sie die Möglichkeit dazu hat.

Außerdem ist Arbeit befriedigend. Sie verbindet einen mit der Außenwelt, man nimmt einen Platz außerhalb des Familienkreises ein und gewinnt eine größere Perspektive. Man kann verständnisvoller zu einem gereizten Kind zurückkehren, das die Schule haßt und von allem die Nase voll hat, wenn man sich den ganzen Tag über den Chef und die Kollegen geärgert hat. Und berufstätige Eltern demonstrieren einem Kind oder Teenager, daß Tugenden wie Pünktlichkeit und Gewissenhaftigkeit und die Bereitschaft, auch dann am Arbeitsplatz aufzutauchen, wenn man lieber was anderes tun würde, keineswegs abstrakte oder sinnlose Disziplinen sind – nur erfunden, um Schüler und Schülerinnen zu quälen. Solche Forderungen müssen Erwachsene nun mal erfüllen, um ihr tägliches Brot zu verdienen, und die Marmelade drauf.

Ob eine Mutter arbeitet, während die Kinder noch klein sind, liegt bei ihr und an den Umständen. Wie ich in meinem ersten Buch schrieb, ist es Zeitverschwendung, deshalb Schuldgefühle zu empfinden. Wenn Sie sich schuldig fühlen, arbeiten Sie nicht. Und falls Ihnen nichts anderes übrigbleibt (weil die Familie das Geld braucht oder weil Sie unter Depressionen leiden, wenn Sie die ganze Zeit zu Hause sind), fühlen Sie sich nicht schuldig. Kommen Sie lächelnd heim, so früh wie möglich. Gestalten Sie die Wochenenden so, daß jeder seinen Spaß dran hat. Selbst wenn Sie deshalb die Hausarbeit und die Kocherei vernachlässigen (es geht gar nicht anders). Und unterlassen Sie es, Ihre Mitschwestern, die nicht arbeiten und »nur« Hausfrauen sind, zu verachten oder zu kritisieren. Jeder hat sein eigenes System, und Kinder reagieren ganz unterschiedlich auf diese oder jene Lebensbedingungen. Manche sind in Kindergärten oder in der Gesellschaft von Kindermädchen wunschlos glücklich. In beiden Lagern gibt es sowohl glückliche als auch verzweifelte Familien.

Eine Warnung – es ist sehr wichtig, Konflikte zwischen berufstätigen Vätern und Müttern auszudiskutieren. Eine Mutter, die arbeiten geht, kann unter der ausgesprochenen oder unausgesprochenen Mißbilligung ihres Mannes schrecklich leiden. Ebenso eine »Nur«-Hausfrau. Humor, Freundlichkeit und wechselseitige Unterstützung sind in beiden Fällen dringend nötig. Wenn Sie keine Übereinstimmung erzielen, debattieren Sie.

Wenn die Kinder älter werden, ändert sich das Problem. Sie machen sich das Frühstück selber, vielleicht sogar das Pausenbrot, bleiben länger in der Schule, können allein nach Hause kommen, haben ihre eigenen Schlüssel und Vorstellungen von ihrer Freizeitgestaltung. Aber sie brauchen die Mutter immer noch, und in gewisser Weise ist es jetzt noch schwerer, ihre Bedürfnisse zu erfüllen. Je älter ein Kind wird, desto unvorhersehbarer sind die Augenblicke, in denen es mit Ihnen reden will. Zum Beispiel um elf Uhr abends. Dann müssen Sie dasein. Mütter, die nicht arbeiten gingen, als die Kinder noch klein waren, behandeln sie später oft gleichmütig, während sich die anderen, die sich immer unbehaglich fühlten, wenn sie die Kinder allein ließen, bis in die Teenager-Zeit hinein um ein gutes Verhältnis bemühen. Ich kenne einige Frauen, die pflichtbewußt daheim blieben, bis die Kinder acht oder neun waren, und sich dann mit einer ehrgeizigen Leidenschaft auf den Beruf konzentrierten, die das Familienleben fast zerstörte. »Hört mal, ich habe euch fast ein Jahrzehnt meines Lebens geopfert«, lautete die Message. »Jetzt laßt mich gefälligst in Ruhe.« Den Kindern gefiel das ganz und gar nicht.

Die größte Herausforderung für die Frauen – und für die Männer, weil sie's allmählich begreifen – liegt darin, das richtige Gleichgewicht zwischen beruflichen Ambitionen und den emotionalen Bedürfnissen des Familienlebens zu finden. Das ist nicht unmöglich, aber schwierig. In letzter Zeit gibt es postfeministische Gegenreaktionen, die das mythische Monster, die Karrieremutter mit den harten Augen und Schulterpolstern, verdammen. Tränendrüsenfilme und -romane tauchten auf, mit weiblichen Hauptpersonen (wie Diane Keaton in *Baby Boom – Eine schöne Bescherung* oder die verrückte TV-Managerin in Maeve Harans *Alles ist nicht genug*), die beschließen, die harte, kämpferische Welt des Aufsichtsrats zu verlassen, daheim bei ihren Babys zu bleiben und eine gemütliche kleine Fläschchen- und Windelwelt zu schaffen. Was mich an diesem Getue so irritiert, ist der Alles-oder-nichts-Gedanke – eine Frau ist entweder ein hartgesottenes Biest im schicken Kostüm mit Aktenkoffer oder eine sanftmütige Mummy, die weiche Strickjacken trägt und getrocknete Blumen arrangiert. Die Möglichkeit, geschäftliche Entscheidungen auf höchster Ebene zu treffen und später daheim Apfelkuchen zu backen, wird gar nicht erst diskutiert. Kein Platz für Frauen, die Firmen leiten, aber schiefe Rocksäume haben, und die es wagen, sowohl Aktenkoffer als auch Babynahrung mit sich herumzuschleppen...

Es ist nicht einfach, den Kindern und dem Beruf gleichzeitig gerecht zu werden. Aber genauso schwierig ist es, den Job mit der Leidenschaft für Lokalpolitik oder Segelregatten in Einklang zu bringen, wie es die Männer schon seit Ewigkeiten tun. Reife Mütter wenden auf ihr Leben dieselbe Intelligenz an wie auf ihren Beruf. Jede Närrin versteht, daß kleine Kinder nicht gedeihen, wenn sie nie wissen, wann sie ihre Mutter wiedersehen werden – und wie unmöglich es ist, Mutterschaft mit kompromißlosen Jobs zu kombinieren, mit jenen, die einen völlig vereinnahmen und unfähig machen, andere Leute als die Kollegen zu ertragen. Zu den ärgerlichsten Klagen unseres Zeitalters gehört, daß die Karrierefrau irgendwie ein »Opfer« sei. Niemand zwingt sie, ihre Ambitionen zu befriedigen. Unterbezahlte Arbeiterinnen leiden stumm, während sie mit öffentlichen Verkehrsmitteln zur Tagesmutter fahren. Managerinnen und Manager nutzen ihr Geld und ihren Einfluß, um kurz alles umzuorganisieren und nach Hause zu eilen.

Das tun sie tatsächlich. Eine Produzentin der BBC-Nachrichten berichtet, wie sie die Abgeordnete Harriet Harman zur Zeit des Labour-Parteitags in Brighton in der Bahn traf. Wie sich herausstellte, fuhren beide Frauen nach Hause – Mrs. Harman zu einer Schulveranstaltung, die Produzentin zu ihren drei Kindern, die mit einem Shampoo gegen Kopfläuse behandelt werden mußten. Im Morgengrauen waren sie wieder auf dem Posten. Eine andere Frau, im Vorstand einer großen Firma, zelebrierte ihre Schwangerschaft, indem sie zum Chef ging und erklärte, sie habe eine Beschäftigungsanalyse seines Betriebs erstellt. Eine Dreiviertelstelle sei frei, etwas unterhalb ihres Niveaus. Sie fragte, ob sie ihren Ganztagsjob gegen dreieinhalb Arbeitstage pro Woche tauschen könne, und er stimmte zu. Die undramatische Moral dieser Geschichte: Frauen, die ihr Familienleben wichtig nehmen, beschließen oft, auf eigene Zeit, Geld und Status zu verzichten, doch nicht unbedingt auf alle drei Dinge zugleich.

Flucht aus der Tretmühle – Heimarbeit

Wenn die Arbeitgeber nicht flexibel sind, werden einige Mütter (und liebevolle Väter) erfinderisch und unabhängig. In den Gipfeljahren der Thatcher-Regierung wurden die Cocktailgäste in der Downing Street Nummer 10 oft von einem kleinen, tüchtigen Partyservice verköstigt, den zwei Frauen aus Suffolk mit insgesamt sieben Kindern unter zehn Jahren betrieben. Im Karikatur-Universum der Stereotypen wäre das Unternehmen zu einem millionenschweren Konzern aufgebläht worden, geleitet von zwei Power-Frauen, die ihre Kinder und Ehemänner vernachlässigen. In Wirklichkeit tauchten sie weiterhin am Schultor auf (etwas derangiert, aber triumphierend), sogar nach Riesenpartys.

Viele Frauen entscheiden sich für die Möglichkeit, daheim zu arbeiten oder, wie wir's gern nennen, »von zu Hause aus«, was den Eindruck erweckt, wir würden die verdammten vier Wände viel öfter verlassen, als es den Tatsachen entspricht. Handelsvertreterinnen tun's (auch viele erfolgreiche Vertreter, die sich um die Kinder kümmern, während ihre Frauen in Teilzeitjobs tätig sind). Auch Journalisten tun's, ebenso Illustratoren, Redakteure, Schneiderinnen, Strickerinnen, Handwerker und Partyservice-Anbieter.

Das kann wundervoll sein. Statt zum Arbeitsplatz zu fahren, verschwindet man im Gästezimmer oder in der Küche, wahrscheinlich immer noch im Morgenmantel. Und da arbeitet man. Wenn die Kinder krank sind und nicht zur Schule gehen, geben Sie ihnen was zu lesen, oder sie liegen in Ihrer Nähe herum, stöhnen leise und werden gelegentlich mit Sandwiches ruhiggestellt. Sogar dem kleinsten Kind kann man beibringen, den Hörer nicht abzuheben, wenn das Telefon klingelt, und einen nicht zu stören. Und sogar dem rücksichtslosesten Teenager kann man klarmachen, welch heftiger Zorn ihn treffen wird, wenn er weiterhin das ganze Papier und alle Briefumschläge stiehlt, und daß es sich deshalb nicht lohnt. Bald lernt man, geschäftliche Telefongespräche zu führen, während eine Katze mit scharfen Krallen die Hosenbeine hochklettert, den Abwasch bis zum Abend zu ignorieren, Küchenregale anzubringen, die nicht auf den Computer runterfallen, und die Schritte eines Zeugen Jehovas oder einer zeitraubenden Nachbarin auf dem Gartenweg gerade rechtzeitig zu erkennen, um unter den Schreibtisch zu kriechen. Allmählich gewöhnen sich die Fulltime-Hausfrauen unter Ihren Freundinnen und Bekannten an, Sie zu fragen, ob der Moment günstig ist, wenn sie anrufen oder zu Besuch kommen oder nur die Zeitung von der Pfarrgemeinde abliefern und dabei ihre Operation in allen grausigen Einzelheiten schildern wollen. Heimarbeit spart Geld und Benzin und ist meistens eine vernünftige Lösung.

Aber seien Sie vorsichtig. Seit elf Jahren arbeite ich zu Hause, und morgens wünsche ich mir oft, ich könnte in ein gemütliches Büro zu netten Kollegen gehen, statt in einem kalten, unordentlichen, einsamen kleinen Zimmer zu sitzen. Ich sehne mich nach einer Tasse Kantinenkaffee, nach Neuigkeiten vom Liebesleben der Aushilfssekretärin – aber ich habe nur einen leeren Bildschirm und ein Telefon. Jeden Nachmittag giere ich am Schultor nach zehnminütigen zwischenmenschlichen Kontakten, und es war einer der schlimmsten Augenblicke meines Lebens, als unser Faxgerät geliefert wurde. Früher ging ich immer aufs Postamt, wo ich ein bißchen schwatzen konnte – ein Höhepunkt meines Alltags.

In allen Epochen klagten Schriftsteller über die Einsamkeit ihres Berufs. Die Telekommunikation wird diese Isolation auch auf andere Leute ausdehnen. Keiner, der unter der Einsamkeit leidet, keine frischgeschiedene Frau mit Kindern, die nicht mehr auf sie angewiesen sind, sollte so einen Job annehmen. Es gibt Zeiten, wo wir ein Büro so dringend brauchen wie Debütantinnen einen großen Tanzabend. Die Abwesenheit eines lästigen Chefs mag ein Vorteil sein (und an sonnigen Frühlingstagen genießt man es, radzufahren, schwimmen zu gehen und zu wissen, daß man die Arbeit abends nachholen kann). Aber eine Heimarbeiterin muß ihre eigene lästige Chefin sein und eiserne Disziplin verlangen, obwohl Kaffee und Kekse und die Computerspiele der Kinder in greifbarer Nähe sind. Viele brechen zusammen, biegen Büroklammern gerade, machen Tee, lesen die alten Zeitungen im Katzenstreukorb oder beschließen, Ordnung in den Küchenschubladen zu machen.

Wenn beide Eltern zu Hause arbeiten, merken sie vielleicht, daß ihr früheres Eheleben durch Trennungen und Wiedervereinigungen und Klatschgeschichten aus der Außenelt richtig aufgeblüht ist. Junge Mütter werden deprimiert und vergießen beinahe Tränen, wenn sie durchs Fenster ihres Arbeitszimmers schauen und das Au-pair-Mädchen mit dem Baby in der Sonne spielen sehen, während sie die Verkaufsziffern revidieren müssen. Und manche Heimarbeiterinnen sind furchtbar schlampig. Mein Arbeitszimmer, weder von einer eifrigen Sekretärin noch von einer skrupellosen Büroputzfrau gehütet, ist ein Chaos aus zerrissenem Papier, Notizzetteln, schwankenden Bücherregalen, unbeantworteten Briefen und ineinandergeschlungenen antiquierten Kabeln. Ich ziehe mich an wie ein Tramp. Wäre ich eine Fabrik, würde mich der Aufsichtsrat schließen. Wägen Sie Ihre Stärken und Schwächen gegeneinander ab, ehe Sie sich in das Wagnis stürzen.

Teilzeitarbeit und Job-sharing

Logischerweise ist das die Ideallösung für berufstätige Mütter. Aber ehrgeizige, talentierte Frauen sollten über die emotionalen Begleiterscheinungen nachdenken. In vielen Berufen genießen Teilzeitarbeit und Job-sharing kein besonders hohes Ansehen. Wenn Sie nach Erfolg streben und nicht von mütterlichen Hormonen gedrängt werden, einen Gang runterzuschalten, ist ein bißchen Arbeit schlimmer als gar keine. Notgedrungen nehmen Sie von weniger begabten Leuten Befehle entgegen, tragen geringere Verantwortung. Das könnte Sie frustrieren und bedrücken. Womöglich lassen Sie Ihre Wut an den Kindern aus, und das wirkt deprimierend, auch wenn Sie's nur in Gedanken tun. Ich hatte mal eine Kollegin, die in einem Fleet-Street-Restaurant Sandwiches belegte und jedem, der ihr zuhörte, erbost erzählte: »Hätte ich nicht die verdammten Kinder gekriegt, wäre ich jetzt Redakteurin...« Das ist nicht konstruktiv. Wenn Sie Kompromisse schließen, weil Sie die Familie wichtig nehmen und von ihr gebraucht werden, machen Sie sich bewußt, was Sie tun, und wägen Sie die Anforderungen Ihrer häuslichen Pflichten gegen jene Ihrer persönlichen Befriedigung ab. Und ändern Sie Ihren Lebensstil in der einen oder anderen Richtung, wenn er offensichtlich nicht funktioniert.

Zwei Karrieren

Wenn Eheleute arbeiten und weiterhin zusammenleben wollen, müssen sie besprechen, wessen Karriere in dieser oder jener Phase wichtiger ist. Der Streitpunkt kann enorm sein, zum Beispiel die Übersiedlung ans andere Ende von Europa, oder geringfügig, wie etwa die Frage, wer zur Arbeit zu spät kommt, weil er nach Hause zurückfahren und das Cello holen muß, das der Sohn vergessen hat. Frauen können ihre Karrieren besser hintanstellen (obwohl sie sich später manchmal voller Verbitterung daran erinnern). Und die meisten Männer finden es furchtbar und peinlich, neben ihren Ehefrauen die zweite Geige zu spielen. Das heißt keineswegs, sie sollten es niemals tun. Aber die betreffende Frau müßte ein gewisses Taktgefühl beweisen und Rücksicht nehmen. Und wenn ihre wunderbare Karriere das Familienleben empfindlich stört und vom Ehemann große Opfer verlangt, was seine Zeit und Bequemlichkeit betrifft, verliert sie natürlich automatisch das Recht, ihm vorzuwerfen, er würde keinen oder einen nur unerheblichen finanziellen Beitrag leisten. Einem Mann, der die Familie ernährt, erlaubt man heutzutage nur selten, sich autokratisch zu verhalten. Frauen sollten das gar nicht erst versuchen.

Um meinen Standpunkt zu verdeutlichen, erwähne ich den Fall meiner Exfreundin Jeanette (nicht ihr richtiger Name). Sie ist Schauspielerin, und sie war mit einem Buchhalter verheiratet, der Beförderungen jahrelang ablehnte, damit er abends zu Hause bei den Kindern bleiben konnte, wenn sie auf der Bühne stand oder auf Tournee ging. Ihre Erfolge brachten ihr Ruhm und viel Geld ein, aber in späteren schwierigen Wechseljahren vergaß sie, wie selbstlos er sie unterstützt hatte, und warf ihm vor, er würde ihr »auf der Tasche liegen«. Den Kindern erzählte sie das Lügenmärchen, sie habe immer »arbeiten müssen, um die Familie zu ernähren«. Schließlich verließ er sie, und das geschah ihr recht. Wenn Frauen sich anstrengen, können sie genauso eklig sein wie Männer.

Kollegen

Es gehört zu den großen Vorteilen der wachsenden Berufstätigkeit von Frauen, daß sie die Beziehungen zwischen Arbeitskollegen besser verstehen lernen. Deshalb beobachten sie die Freundschaften, die ihre Ehemänner im Büro schließen, nicht mehr so argwöhnisch und mißgünstig. Im Büroleben kann Liebe, Haß, Zärtlichkeit und Kameradschaft entstehen – und es kommt auch zu betrügerischen Machenschaften. Die Leute hören nicht auf, Menschen zu sein, wenn sie arbeiten. Man kann sie nicht von neun bis fünf an einen Schreibtisch setzen und erwarten, daß sie in dieser Zeit keine Emotionen entwickeln. Sogar die coolsten, professionellsten Typen werden sich am Arbeitsplatz mit Kollegen anfreunden, auch wenn sie im Privatleben keinen Kontakt mit ihnen haben.

Ein Ehepartner muß begreifen, daß so eine Freundschaft nicht notwendigerweise eine Affäre bedeutet. Wenn ein Mann nach Hause kommt und jeden Satz mit »Lucinda sagt...« beginnt – oder wenn eine Frau am Arbeitsplatz einen Verbündeten findet und mit ihm herumalbert, muß das Eheleben dadurch keineswegs gestört werden. Einmal sprach ich mit so einem befreundeten Paar, das von den Ehepartnern mit großem Mißtrauen betrachtet wurde. Nennen wir die beiden Vivien und James. Fünf Jahre lang arbeiteten sie in derselben TV-Nachrichtenabteilung. Anfangs war er ihr Vorgesetzter, dann wurde sie befördert und nahm den gleichen Rang ein wie er. Wann immer sie gemeinsam arbeiteten, vibrierten elektrische Ströme. Vivien bezeichnete James als »fabelhaften Kommentator. Sobald er eine Idee hat, verwirklicht er sie schnell und effektiv. Er empfindet richtig und reagiert richtig, in allen Dingen. Und er ist ein guter Mensch, der seinem Gewissen vertraut, aber andererseits ein hartgesottener Journalist. Für mich ganz einfach ein Star. Die ganze Nacht könnten wir bei einem Drink sitzen und reden und diskutieren, und das würde mich nicht ermüden.«

James stimmte eine ähnliche, teils professionelle, teils private Lobeshymne an. »Viv rauscht ins Büro und stürzt sich sofort in die Arbeit. Du solltest sie mal am Telefon hören – steinhart und unnachgiebig wie ein Mann. Trotzdem gehört sie nicht zu diesen krassen Rambo-Typen. Einmal sah ich sie wegen einer schrecklichen Nachricht weinen, aber erst nach der Sendung.«

Gemeinsam hatte dieses Paar fünf Jahre lang brillante Ideen und funktionierte wie eine gutgeölte Maschine. Auf Büropartys – traditionsgemäß immer ohne Ehepartner – tanzten die beiden wie die Derwische und umarmten sich wie Kinder. Und – ja, Sie haben richtig geraten – das gefiel Viviens Mann ganz und gar nicht. Er glaubte ihr, wenn sie wiederholt versicherte, sie würde ihn nicht betrügen. In sexueller Hinsicht blieb sie ihm treu, aber ihre Gefühle? Das war eine andere Frage. Wann immer James zu Hause erwähnt wurde, kühlte die Stimmung merklich ab. Auch er – ein geschiedener Mann, der eine Lebensgefährtin hatte – zog eine Affäre mit Vivien niemals in Betracht. »Das würde, abgesehen von der Moral, unsere Arbeitsbeziehung stören.« Aber seine Freundin wurde eifersüchtig, brach in Tränen aus, und schließlich nahm er einen neuen Job an. Allmählich ging die Freundschaft mit Vivien in die Brüche.

Wie würden Sie sich in einer solchen Situation verhalten? Wenn zwei Eheleute in einer Arbeitswelt leben, wo beide Geschlechter anzutreffen sind (und wenn er nicht nur mit Männern im Büro sitzt und sie zu Hause am Herd bleibt, so wie vor neunzig Jahren), kommt es ganz automatisch zu außerehelichen Freundschaften. Wahrscheinlich ist es am besten, den Stier bei den Hörnern zu packen und die Familie in die Freundschaft einzubeziehen, dann wirkt sie nicht mehr so bedrohlich. Treffen Sie sich alle vier zum Sonntags-Lunch, wenn möglich mit den Kindern beider Paare. Bringen Sie Ihren Lebenspartner und Ihren Kollegen kompromißlos zusammen. Stoßen Sie die beiden mit den Nasen aufeinander. Jeder soll die andere Beziehung akzeptieren. Geben Sie nicht nach, lassen Sie sich Ihre Freundschaften mit dem Rest der Menschheit nicht verderben, nur weil Sie eine Familie haben. Viel Glück...

Erfolg, Ausreden und Rückzieher

Es gehört zu den selten erörterten Aspekten des Familienlebens, wie gut man es als Ausrede gebrauchen kann. Jeder, der Kinder hat, wird wahrscheinlich gestehen, daß er sie schon irgendwann einmal benutzt hat, um einen Rückzieher zu machen. »Wir würden gern zum Bauerntanz kommen, aber wir kriegen keinen Babysitter... Natürlich möchten wir euch helfen, aber mit drei Kindern... Klar, wir besuchen die liebe alte Dame viel zu selten, aber Justin wird im Auto immer schlecht...« Manche dieser Ausreden sind ehrlich, andere nicht. Wir schieben die Kinder vor, weil wir irgendwelche Dinge nicht tun wollen. Meine standen jubelnd in der Küche, als sie hörten, wie ich mit einem Redakteur telefonierte und honigsüß erklärte: »Ach Gott, ich würde ja liebend gern einen Artikel über die lesbische Volkstanzgruppe in Newcastle schreiben, aber ich sitze hier fest, verstehen Sie, die Kinder...« Die kinderlosen Frauen in der Redaktion können nicht widersprechen, während andere Mütter und »neue Männer« mitfühlend denken: Was für eine Heilige dieses Mädchen ist! Und ich wische mir die Stirn ab und danke dem Himmel, weil sie nicht wissen, daß ich für fünf Tage allein nach Schottland fahren will und daß es den Kindern überhaupt nichts ausmacht, denn sie werden mit ihrem Vater dauernd Pommes essen gehen. Und der wahre Grund meiner Absage – ich finde die Idee, so einen Artikel zu schreiben, einfach idiotisch.

Das alles ist harmlos, und wenn man die Kinder vorschiebt, um sich irgendwo herauszulavieren, bekräftigt man nur die gesunde Weltanschauung, persönliche Beziehungen wären wichtiger als Häkchen auf dem Terminkalender. Aber es wird etwas problematischer, wenn wir sagen: »Hören Sie, ich bin eine berufstätige Mutter, ich kann mich nicht wie ein Supermodel anziehen.« (Übersetzt: Meine schicken Kleider passen mir nicht mehr.) Oder: »Seit die Kinder da sind, komme ich einfach nicht mehr zum Zeitunglesen.« (Übersetzt: Ich lese nur das Feuilleton, weil ich Kopfweh kriege, wenn ich an Bosnien denke.)

Daraus ergibt sich ein weiterer besonderer Punkt: Wir alle kennen Frauen, die berühmte Neurochirurginnen wären, würden sie sich nicht in edler Selbstaufgabe »den Kindern« widmen. In den späten sechziger Jahren erschienen zahlreiche Romane, deren Heldinnen einen bestimmten Frauentyp repräsentierten: Das unweigerlich brillante Mädchen, das dumm genug war, in jungen Jahren zu heiraten, eine Familie zu gründen und erst danach zu merken, daß sie sich nun auch um all die Kinder kümmern mußte. Oft führt das zu Verbitterung, was viele dünnlippige Frauen mittleren Alters bezeugen, die mit ihrem Schicksal hadern und ernsthaft glauben, sie hätten ihr Leben für die undankbare Nachkommenschaft ruiniert.

Das ist Unsinn. Nur wenige Menschen wissen von Anfang an genau, was sie wollen, und gehen zielstrebig darauf zu; sonst würden wir alle Karriere machen. Die meisten sind die wandelnde Unentschlossenheit, gehemmt von Faulheit, Selbstzweifeln und der Angst vor Fehlschlägen. Wenn wir uns dagegen einreden, unser Edelmut würde uns an der Selbstverwirklichung hindern, fühlen wir uns viel besser. Doch die Abhängigkeit von der Familie – so wertvoll sie auch ist – dauert in ihrer intensivsten Phase nicht sehr lange. Wenn Sie wirklich das Zeug haben, einen Weltklasseroman zu schreiben, dann tun Sie's jetzt. Auf dem Küchentisch. Und wenn Sie's nicht wollen, okay. Aber werfen Sie das nicht den armen Kindern vor. Oder dem Ehemann. Oder der Ehefrau. Bei Männern kommt so was allerdings seltener vor. Bis jetzt habe ich noch keine Memoiren eines gescheiterten Politikers gelesen, der seinen Mangel an Ausstrahlung und Einfluß auf die schlechten Schulnoten seiner Tochter oder nächtliches Babygeschrei zurückgeführt hätte.

Unglücklicherweise wächst bei Frauen, die ihren Arbeitsplatz verlassen haben, als die Kinder klein waren, und die mit vierzig oder fünfzig zurückkehren wollen, die Angst vor Fehlschlägen allein schon durch die Tatsache der Mutterschaft. Jill Freud, die Frau eines Abgeordneten, leitet nun ihre eigene Theatergruppe. Aber sie erzählte mir, als sie nach fünf Kindern versucht habe, wieder auf der Bühne Fuß zu fassen, sei das Vorsprechen am schlimmsten gewesen. Zum erstenmal seit vielen Jahren habe sie erkennen müssen, daß sie für niemanden im Zuschauerraum besonders wichtig gewesen sei. Wenn man so lange das Herz der Familie war, die unentbehrliche Mum, fällt es einem schwer, ins zweite Glied zurückzutreten. Manche tun's erst gar nicht. Sie hoffen, die Enkelkinder werden sie bald brauchen.

Auch jüngere Frauen können von dieser Angst betroffen werden. Immer wieder staune ich über das strahlende, unerschütterliche Selbstvertrauen berufstätiger, kinderloser Frauen. Obwohl ich immer in Verbindung mit der Arbeitswelt stand, sogar von zu Hause aus, zweifle ich, seit ich Mutter bin, viel öfter an meinen beruflichen Fähigkeiten als früher, wo ich noch keine Kinder hatte. Das liegt an der größeren Verletzlichkeit von Müttern: Seit sich das Baby zum erstenmal im Mutterleib bewegt, haben Sie das Gefühl, ein Pfand des Glücks zu besitzen. Sie wissen, daß jene eine Katastrophe – das Kind zu verlieren – Sie völlig vernichten könnte. Immer stellen Sie sich das vor, solange es ein Baby ist, während es heranwächst und später, wenn es die ersten selbständigen Schritte tut. Ständig klafft ein Abgrund zu Ihren Füßen. Und Ihre Gefühle dehnen sich auf die ganze Welt aus. Sie weinen, wenn Nachrichtensendungen vom Unglück anderer Kinder berichten. Und manchmal erstreckt sich dieser Abgrund bis in Ihren Arbeitsbereich, so daß Sie zögern, sich unbehaglich und außerstande fühlen, einfach vorzupreschen so wie vor der Mutterschaft.

Aber Sie beißen die Zähne zusammen und versuchen's

trotzdem. Weil Sie im Grunde viel mehr gewonnen als verloren haben: Die Fähigkeit, neue Lieder zu singen und ein bißchen mehr von der wundervollen Seltsamkeit des Lebens zu verstehen, die Menschheit ein bißchen mehr zu lieben. Und wenn Sie Glück haben, nehmen Sie diese sanfteren Visionen in Ihre Arbeitswelt mit und können sie in mancher Hinsicht verändern.

13. Geldfragen und schwere Zeiten

Noch ein Tagtraum ...

Jedesmal, wenn sich der Finanzminister erhebt, um sein Jahresbudget zu präsentieren, und alles so vernünftig und ausgewogen klingt (selbst wenn sich später was anderes herausstellt), versinke ich in einem Tagtraum. Wenn ich nun mein eigenes Budget präsentieren würde? Um drei Uhr nachmittags würde ich von meinem Stuhl aufstehen, während rings um den Küchentisch respektvolles Schweigen herrscht, meine Brille zurechtrücken, meine Notizen ordnen und anfangen: »Das vergangene Jahr war für die Wirtschaftslage zwiespältig. Einerseits konnten beträchtliche Ersparnisse erzielt werden, durch die energische Initiative dieser Regierung, den Ankauf von Computerspielen zu beschränken.« *(Zwischenrufe: »Schande!« – »Igitt!«)* »Andererseits ist der Konsum von Schokoladenkeksen außer Kontrolle geraten und erfordert strenge Sparmaßnahmen.« *(Buhrufe.)*

»Was die Kleidungsfrage betrifft, wurde der Finanzlage durch das gleichzeitige Herauswachsen aus nicht weniger als fünf fast neuen Paar Schul-, Turn- und Fußballschuhen ein vernichtender Schlag versetzt, was auf die rapide Fußinflation zurückzuführen ist. Fairerweise muß allerdings erwähnt werden, daß diese zusätzliche Belastung teilweise durch die Bereitschaft – nein, feste Entschlossenheit – jüngerer Staatsbürger ausgeglichen wurde, jedes Wochenende in denselben zerrissenen Jogginghosen zu verbringen, die eine Handbreit über dem Fußknöchel enden.« *(Zwischenrufe: »Hört, hört!«)* »Auch die Katzenfuttersituation muß neu überdacht werden.« *(»Miau!«)* »Wie sich bei einer genauen Kalkulation herausstellte, hätte man mit dem Geld, das in den letzten Jahren für die derzeit gebräuchliche Fertignahrung ausgegeben wurde, eine Woche auf den Seychellen finanzieren können. Deshalb haben wir beschlossen, diesen Luxusartikel durch Knorpel zu ersetzen.« *(Aufruhr im hohen Haus, Ordnungsrufe.)* »Außerdem müssen aufgrund schwerer Verluste die Ausgaben für Pfadfindertrips und Karategürtel privatisiert und vom Taschengeld bestritten werden. Letzteres wird eingefroren.« *(Zwischenrufe: »Schande!«, Rücktrittsforderungen, Geschirr geht zu Bruch.)* Tapfer und würdevoll fährt die Finanzministerin fort: »Zudem verlangen wir Kooperation von allen Bürgern, was den exzessiven Stromverbrauch der Flurbeleuchtung angeht. Der Konsum von Scotch, Gin und anderen Getränken wird auf 1,4 Liter in zwei Wochen beschränkt...«

Und so weiter, bis ich mich um fünf Uhr unter tosendem Applaus setze, nachdem ich die häusliche Wirtschaftslage wieder einmal vor dem Ruin gerettet habe. Das sind natürlich nur Träume. Wie die meisten Familien, die nicht in unmittelbaren Schwierigkeiten stecken, wursteln wir irgendwie vor uns hin, kaufen impulsiv, was wir haben wollen, sparen zwei Prozent bei Sonderangeboten und verschleudern gleich darauf die vierfache Summe. Vernunft hat mit dem Familienbudget wenig zu tun. Nach einer harten Arbeitswoche fühlen wir uns berechtigt, uns selbst oder die Kinder zu verwöhnen (was aufs selbe rauskommt, wenn man gerade familiär gesinnt ist). Und wenn man plötzlich von heißer Liebe zum Ehegespons überwältigt wird, rückt man die Plastikkarte heraus, um es zu beweisen. Sobald der Steuerbescheid eintrifft, geraten wir in Panik und kaufen billigere Kekse, die alle hassen und die wenig später an die Vögel verfüttert werden.

Aber ein vernünftiger Umgang mit den Finanzen ist wichtig für ein gutes Familienleben. Wenn man in Geld schwimmt, fällt es einem leichter, aber sogar in den reichsten Familien wird oft über finanzielle Probleme gestritten. Unglücklicherweise wird das Geld manchmal zum Symbol für andere Dinge, über die man nicht redet. Zum Beispiel Sex. Oder ein Kind macht gerade eine besonders ärgerliche Phase durch. Oder die Großmutter mischt sich in alles ein.

Wer verwaltet das Geld?

Ob man über große oder kleine Summen verfügt, ob man im Luxus lebt oder ums Überleben kämpft – irgend jemand muß das Geld verwalten. Und in einer Familie, einer zusammengewachsenen Einheit, muß es anders verwaltet werden als die Finanzen eines sorgenfreien Singles. Ailean Mills von der Londoner Werbeagentur Dorland erwähnte einmal, wann immer man Marketing-Untersuchungen durchführe und Ehepaaren die Frage stelle, wer sich um die Familienfinanzen kümmere, würden die Männer ohne Zögern antworten: »Ich.« Aber wenn die Frauen in einem anderen Raum befragt würden, erwiderten sie ebenfalls: »Ich.«

Es gibt kaum eine bessere Warnung vor dem Minenfeld aus finanziellem Ärger, Mißverständnissen und schlichter Komik, das vor einem frischverheirateten, idealistischen Paar liegt. Möglicherweise versteht jeder Partner etwas anderes unter Finanzverwaltung. Vielleicht meint der Mann, daß er die Steuererklärung ausfüllt und die Hypothek auf das Haus ausgehandelt hat. Während die Frau meint, sie würde alle Rechnungen bezahlen. Oder vielleicht ist es der Ehemann, der stundenlang am Schreibtisch sitzt, Rechnungen zusammenheftet und das überzogene Konto als »Defizit in der Bargeldproduktion« bezeichnet. Und die Ehefrau glaubt, sie würde die Familienfinanzen verwalten, weil sie tagtäglich mit dem Haushaltsgeld jongliert und bedeutsame Entscheidungen treffen muß, zum Beispiel, ob die Kinder neue Turnschuhe bekommen sollen, bevor bei den alten die Zehen herausschauen.

Oder vielleicht hat der Mann recht, und in der Familie herrschen traditionelle Regeln, wonach die Frau niemals eine Rechnung oder einen Bankauszug sieht, jede Woche zeremoniell das Haushaltsgeld entgegennimmt und ihn unterwürfig um ein bißchen mehr bittet. Aber sogar solche konservativen Männer können sich zur Hochfinanz hingezogen fühlen und die Pfennigfuchserei ihren Frauen überlassen.

Eine Ehefrau erzählt die wundervolle Geschichte von ihrem Mann, der drei Stunden an seinem neuen Computer saß, um die Familienfinanzen zu überprüfen, und – umgeben von rasch geleerten Bierdosen – eine Tabelle nach der anderen ausdruckte. Schließlich tauchte er zur Schlafenszeit triumphierend wieder auf und verkündete, die Kosten für den Haushalt und die Kinderkleidung müßten nur um 9,27 % gesenkt werden. »Er war so froh über seine Idee und so stolz, daß ich's nicht übers Herz brachte, ihn mit dem Schürhaken zu schlagen.« Offensichtlich wurde dieser Familienvater das Opfer einer Krankheit, die viele Regierungen befällt – der rührende Glaube, was auf dem Papier richtig aussieht, müßte auch wirklich richtig sein.

Eine gewisse Übereinstimmung zwischen verschiedenen Temperamenten muß erreicht werden. Jetzt, wo die Zeiten des hübschen kleinen Weibchens vorbei sind, das sein Spatzenhirn nicht mit finanziellen Fragen belasten soll, müssen gebildete, gleichberechtigte Frauen eine partnerschaftliche Rolle übernehmen. Praktische Veranlagung und Stolz, Unabhängigkeit und Kooperation müssen zusammenleben. Ausdrücke wie »gemeines Schwein« und »extravagante Kuh« passen nicht zu einem harmonischen Familienleben. Organisation ist die Lösung des Problems.

Es lohnt sich, schon zu Beginn einer Ehe zu klären, wie man mit Bankkonten und Rechnungen umgehen wird. Ohne Geturtel und Sentimentalitäten, ohne den albernen Schwur, der eine würde dem anderen alle weltlichen Güter geben. Kluge jungverheiratete Paare denken ernsthaft nach, hören auf, einander vage zu versprechen, sie würden sich die Welt schenken, und erwägen die Fallstricke der verschiedenen Systeme.

Vielleicht entscheiden sie sich für die Methode, beide Gehälter auf ein gemeinsames Konto überweisen zu lassen und abzuheben, was jeweils nötig ist. Das klingt großartig, aber in der Praxis bedarf der Begriff »nötig« einer genaueren Erläuterung. Außerdem nimmt dieses Arrangement jeder der beiden Turteltauben die Möglichkeit, der anderen was zu schenken, ohne daß der unromantische Bankauszug den Preis verrät. (Und was man zur Hälfte selber bezahlt hat, kann man nicht als Geschenk betrachten.) Noch etwas wäre zu bedenken – dieses System deprimiert viele Frauen, die für kürzere oder längere Zeit zu arbeiten aufhören, um die Kinder zu betreuen. Jeder Penny, den sie von »seinem« Geld nehmen, belastet ihr Gewissen. Und obwohl sie mit den Kleinkindern einen pausenlosen Achtzehn-Stunden-Tag verbringen, entwickeln sie Schuldgefühle, wenn sie sich einen Marsriegel oder einen Lippenstift kaufen, weil sie offiziell nichts verdienen. Solche bedrückenden Emotionen führen zur Kampagne »Lohn für Hausarbeit«. In einer Gesellschaft, die Personen nach ihrem Einkommen beurteilt, kommt man sich erniedrigt vor, wenn man kein Geld bezieht.

Seltsamerweise findet man bei Frauen, die ihre Familien allein ernähren, nach einer Weile die traditionellen männlichen Verhaltensmuster. Eine Frau gestand, sie habe sich in einen altmodischen, gemeinen, dominanten »Ehegatten« von der schlimmsten Sorte verwandelt, seit ihr Mann arbeitslos sei, und nehme ihm seinen gesunden Appetit übel, seinen verschwenderischen Gebrauch des Toilettenpapiers und sogar – das gefällt mir besonders gut – seine politische Gesinnung, weil sie die Zeitung bezahle, die ihn befähige, sich eine Meinung zu bilden.

Einige Ehemänner und schlechter verdienende oder nicht berufstätige Ehefrauen vermeiden die Gefahr solcher Gefühle, indem sie zum alten System des Haushaltsgelds zurückkehren. Das sollte großzügig genug bemessen sein, und es muß stillschweigend als das ureigenste Geld der Frau akzeptiert werden, mit dem sie sich ohne Gewissensbisse selbst etwas kaufen und ihrem Mann Geschenke machen kann. Ich persönlich glaube, das Haushaltsgeld sollte den Lebenshaltungskosten und dem Verdienst des Ehemanns entsprechen, habe aber keinen einzigen Fall gefunden, wo tatsächlich so verfahren wird. Übrigens deprimiert es viele früher unabhängige Frauen, an jedem Monatsersten Geld entgegenzunehmen. Ein eigenes Konto und ein Dauerauftrag könnten ihre Würde retten.

Natürlich gibt es noch ein anderes, vor allem in der Arbeiterschicht gebräuchliches traditionelles System. Die alleinverdienende Person kommt nach Hause und händigt der Ehefrau das ganze Geld aus (oder dem Ehemann, wenn ich auch keinen solchen Fall kenne). Die Frau gibt ihm dann ein bißchen was für sein Bier und verwaltet den Rest. Das kann ein erstaunlich gutes Arrangement sein. Ein älterer Arzt erzählte mir, früher sei er schrecklich schlecht mit seinem Geld umgegangen. Nach der Geburt seines zweiten Kindes gab er's auf und überwies seine gesamten Einkünfte auf das Konto seiner Frau. Jeden Morgen bekam er ein kleines Taschengeld, und alles funktionierte wundervoll. Von diesem Geld zweigte er immer wieder kleine Summen ab, um ihr was zu schenken, so wie es auch die Kinder taten. Er besaß eine Kreditkarte (von seiner Frau in einer verschlossenen Schublade verwahrt), damit er nicht in Verlegenheit geriet, wenn er zu einer Konferenz oder in Urlaub fuhr. Die Kinder, zwei Mädchen, fanden es wahnsinnig komisch, daß sie oft mehr Bargeld hatten als Daddy. Ich fürchte nur, wenn Daddy einmal verwitwet oder geschieden sein sollte, wird es ihm genauso ergehen wie jenen lieben, kleinen Ehefrauen mit den Spatzenhirnen, die noch nie eine Rechnung gesehen haben. Ein Mann in mittleren Jahren, aber ahnungslos wie ein Teenager...

Wenn beide Partner verdienen und jeder sein eigenes Konto hat, müssen sie entscheiden, wer was bezahlt. Übernimmt er die Hypothek, die Ratenzahlungen und das Benzin, kommt sie für das Essen und den Urlaub auf? Wer läßt das Auto reparieren und die Katze sterilisieren? Ist es fair, dem Ehemann zuzumuten, daß sein ganzes Geld für langweilige Rechnungen verwendet wird, während seine Frau die Genugtuung genießt, Schecks für Vergnügungen und schicke neue Sofas zu unterschreiben? Eine Frau verriet mir, ihr Gehalt sei für die »Butter auf dem Brot« bestimmt, und es habe sie fast umgebracht, als sie einmal einen Riesenscheck für neue Regenrinnen ausstellen mußte. »Wem macht es denn Spaß, so was zu bezahlen?« Aber haben nicht auch Männer ein Recht auf so zarte Gefühle? Denken Sie an den armen alten Rumpole in *Rumpole of the Bailey*, der sein sauer verdientes Richterhonorar »leichtfertig für Topfkratzer und Vim verschwendet« sah. Vielleicht bedeutet die wahre Gleichberechtigung, daß auch Frauen sich dran gewöhnen müssen, Dachpappe und die Autoversicherung zu bezahlen. Natürlich können Sie beschließen, sich jede einzelne Rechnung zu teilen, so wie die Paare, die leidenschaftlich ihre Unabhängigkeit verfechten. Oder jeder übernimmt eine Hälfte der Rechnungen. Das kann aber zu komplizierten, unromantischen nächtlichen Diskussionen über die Frage führen, ob die Gasrechnung und die Fernsehgebühren ungefähr das gleiche ausmachen wie die Rechnungen für das Telefon und die Staubsaugerbeutel. Und ich finde, das Leben ist zu kurz für solche selbstverschuldeten Ärgernisse.

Im großen und ganzen bevorzuge ich ein System, das immer gebräuchlicher wird: Ein gemeinsames Konto wird in variablen Proportionen von den beiden persönlichen gefüttert und für die Bezahlung der Lebenskosten und Daueraufträge verwendet. Die persönlichen Kosten, so klein sie auch sein mögen, bleiben streng persönlich. Der psychologische Vorteil dieser Methode – wenn Sie Ihren Beitrag für das gemeinsame Konto leisten, haben Sie nicht mehr das Gefühl, es wäre ihr eigenes Geld; es ist einfach weg. Auf mysteriöse Weise sind alle Haushaltsrechnungen »kostenlos«. Natürlich wird das gemeinsame Konto auf weniger mysteriöse Weise unweigerlich überzogen, aber jedes System hat seine Fehler. Wie Katharine Whitehorn einmal bemerkte – gemeinsame Konten führen oft zu dem Phänomen des »imaginären Gelds«, das von vielen Leuten hemmungslos und regelmäßig ausgegeben wird. Aber obwohl das gemeinsame Konto problematisch ist, das private kann wenigstens ungehindert wachsen oder dahinschwinden, je nach dem Temperament des Besitzers. Selbst wenn man nur kleine Summen zur Verfügung hat, die man vergeuden kann – dafür lohnt es sich, das Vielfache aufs gemeinsame Konto einzuzahlen. Jeder braucht mal Erholung von der Pfennigfuchserei.

Die Macht der Kinder, unsere Nerven zu strapazieren

Was immer Sie verdienen, irgendwer hat's darauf abgesehen. Und die grandiosen neuen Waffen dieser Leute sind Ihre Kinder: Die Kampagnen der Marketing- und Werbeexperten nutzen ganz bewußt die nervtötenden Talente der Kinder, deren Fähigkeit, die Familie zum Kauf bestimmter Produkte zu überreden. Nicht nur für sie selbst, sondern sogar für den Hund. Fernsehwerbespots für Hunde- und Katzenfutter wenden sich an immer jüngere Kinder, und die Taktik zielt immer tiefer unter die Gürtellinie. 1993 wurde in London ein Seminar namens »Familiendynamik und Kaufgewohnheiten« veranstaltet. Dabei verkündete ein Werbefachmann: »Die Macht und der Einfluß von Kindern können von Herstellern und Einzelhändlern gleichermaßen ausgenutzt werden«, wofür er mit donnerndem Applaus belohnt wurde. Ein anderer erklärte: »Die Überredungskunst von Kindern ist enorm wichtig und darf nicht ignoriert werden.«

Sollten Sie bei Ihren Haushaltseinkäufen dieser entnervenden Macht widerstehen? Oder wäre es, im Interesse der Familiendemokratie und der Entwicklung des kindlichen Verantwortungsgefühls, eine gute Idee, die Kinder mit entscheiden zu lassen, was Sie kaufen?

Ich finde, wenn sie ein Mitspracherecht bekommen, sollten sie dafür arbeiten. Lassen Sie Ihre Kinder das andere Müsli kosten, den Unterschied feststellen und entscheiden, ob es sich lohnt, dafür ein bißchen mehr auszugeben, wieviel die Mehrkosten in einem Jahr ausmachen würden und was man sonst mit dem Geld anfangen könnte. Ins Kino gehen oder Hamburger essen? Auf ein neues Fahrrad sparen? Ein Taxi statt den Bus zu nehmen, wenn man schwere Einkaufstüten schleppt? Was das Hundefutter betrifft, sollen die Kinder an den Hersteller schreiben und fragen, warum es so großartig ist. Kaufen Sie eine Dose und probieren Sie's am Hund aus. Bringen Sie Intelligenz ins Spiel, dann verfehlen die Werbespots ihre Wirkung. Entlarven Sie Beutelschneider – zeigen Sie den Kindern Illustriertenfotos von reichen Männern und extravaganten Designern, die in Ihrem sauer verdienten Geld wühlen und es ausgeben, um Sie zu überreden, noch mehr auszugeben.

Das gilt vor allem dann, wenn die Kinder Sie drängen, etwas für sie selber zu kaufen. Heutzutage legen sogar Vierjährige großen Wert auf Designer-Etiketten; es ist durchaus üblich, daß Eltern sündhaft teure Turnschuhe für ein Kind kaufen, dessen Schuhgröße sich zweimal pro Jahr ändert. Neulich gestanden Eltern bei einer Umfrage, sie würden sich in Schulden stürzen, um solche Sachen zu kaufen und ihr Gewissen zu beruhigen, weil sie berufstätige Mütter oder alleinerziehende Väter sind. Jetzt halte ich den Mund, verzichte auf die Behauptung, manche Leute seien so dumm, daß sie niemals Kinder bekommen dürften, und die Regierung müßte mittels vorehelicher Tests feststellen, ob Sie zu einer Gans »buh« sagen können. Statt dessen will ich Ihnen lieber helfen.

Hiermit verkünde ich eine wichtige Tatsache: Sie müssen Ihre Kinder nicht zu hirnlosen, habgierigen, langweiligen kleinen Konsumenten erziehen. Ein Baby wird nicht mit dem Wort »Reebok« im Herzen geboren. Es interessiert sich für Farbe und Bewegung, nicht für Etiketten. Die Dinge, die Kinder in hirnlose, habgierige, langweilige Etceteras verwandeln sind a) das Fernsehen und b) der Druck, der von anderen Kindern ausgeübt wird.

Was a) betrifft, gibt es ein einfaches Heilmittel – das Fernsehen darf nicht der Mittelpunkt im Leben der Kinder werden. Fordern Sie sie auf, das Programm zu kritisieren, die Werbespots zu analysieren und festzustellen, warum sie verlockend wirken, selber solche Spots zu erfinden und die ganze Werbung auf die Schippe zu nehmen. Bieten Sie Alternativen an: Lesen Sie mit den Kindern Bücher, reisen Sie, reden Sie, graben Sie Löcher im Garten, bauen Sie ein Kartenhaus.

Heranwachsende Kinder werden nur deshalb fernsehsüchtig, weil ihr sonstiges Leben beengt ist. Und für das Geld, das man für sündhaft teure Designer-Jacken ausgibt, kann man sich genausogut Bücher, Theaterbesuche, eine Bergtour oder eine Schiffsreise leisten. Die Kreditkarte ist ein fauler Ausweg – ja, auch für einen Wochenendvater.

Was b) angeht – der Druck, den andere Kinder ausüben, ist tatsächlich problematisch. Aber wer darunter leidet, fühlt sich ohnehin unsicher – entweder wegen häuslicher Schwierigkeiten, oder weil die Eltern zuviel nörgeln. Aber die armen kleinen Dinger können sich auch keine Freunde kaufen. Außerdem gehören zu den beliebtesten Kindern in der Klasse nur selten diejenigen, die funkelnagelneue Jogginganzüge tragen oder die teuersten Füllfederhalter besitzen. Vielmehr sind es die fröhlichen, aufgeweckten, selbstbewußten Kinder.

Seien Sie ehrlich, wenn übers Familienbudget gesprochen wird. Weihen Sie die Kinder, wenn sie älter werden, in finanzielle Dinge ein. Geben Sie Teenagern – sogar intelligenten Elfjährigen – Kleidergeld, mit dem kleinere Anschaffungen wie T-Shirts bestritten werden. Damit müssen sie auskommen. Und animieren Sie größere Kinder, Zeitungen auszutragen und als Babysitter zu jobben; bieten Sie ihnen an, die Putzfrau zu entlassen und ihnen für die gleiche Arbeit das entsprechende Geld zu geben. Mit anderen Worten, führen Sie Ihre Kinder in die reale Welt finanzieller Entscheidungen ein. Leiten Sie die Energie, die sie verbrauchen, um Sie zum Konsum zu drängen, in Nachdenklichkeit und echte Bemühungen um.

Wer ernährt die Familie?

Wenn der eine Partner den anderen und die Kinder allein ernährt oder nur viel mehr verdient, sollte – so laut und so oft wie nötig – verkündet werden, daß man darüber glücklich ist, daß er gewürdigt wird, daß er von der Familie jedoch keineswegs, so wie von der Welt, wegen seines Bankkontos geschätzt wird. Noch etwas müßte klargestellt werden: Man kann auch auf andere Weise zum allgemeinen Wohlgefühl beitragen als mit seinem Gehalt. Sobald man Kinder hat, fällt es einem leichter, so zu denken, denn ein Baby besitzt kein Bankkonto und ist trotzdem die wichtigste Person im Haus. Und so großen Wert die Kinder in gewissen Phasen auch aufs Geld legen – sie lieben einen Menschen instinktiv für das, was er ist, nicht für seinen Erfolg oder Reichtum. Nennen Sie es eine sentimentale Binsenwahrheit, aber diese Einstellung ist die einzige, die Ihnen helfen wird, wenn Sie – was Gott verhüten möge – in eine schwere finanzielle Krise geraten.

Der Zusammenbruch

Gerade haben wir eine weltweite Rezession hinter uns. Während ich das schreibe, wird behauptet, es sei vorbei; und wenn das Buch veröffentlicht wird, fängt sie vielleicht wieder an. Sicher werden ihre Auswirkungen die finanzielle Lage vieler Familien immer noch beeinflussen, oft sogar jene, die sich bis vor kurzem für unangreifbar hielten. Das viktorianische Gespenst, der Ruin, ist zurückgekehrt, um die neunziger Jahre zu verfolgen. Und es fasziniert mich immer wieder zu beobachten, wie die Familien damit umgehen. Nicht zuletzt, weil ich wie viele Freiberufler aus der Mittelschicht stündlich erwarte, davon betroffen zu werden.

Es gab mal eine Zeit, wo wundervolle Kinderbücher über den finanziellen Ruin erschienen. Zum Beispiel *Die Eisen-*

bahnkinder von Edith Nesbit. Da sagte eine tapfere Mutter: »So, meine Lieben, jetzt müssen wir spielen, wir wären bettelarm.« Schonend bringt sie den Kindern bei, von nun an würde es »Butter oder Marmelade, aber nicht beides« auf dem Brot geben, während Daddy wegen einer obskuren geschäftlichen Angelegenheit im Gefängnis schmachtet. Und was für abenteuerliche Pläne schmiedeten die fünf Kinder, um das Vermögen des bankrotten Vaters zurückzugewinnen.

Oder Sara Crewe in Francis Hodgson Burnetts *Sara, die kleine Prinzessin*, die in ihrer Dachkammer hungerte, als die Diamantenminen ihres Vaters Pleite gingen... O ja, die Kinderbuchautorinnen in der spätviktorianischen Zeit wußten, wie schmerzlich Geldsorgen sein können. Aber ihre Hauptpersonen verloren nie den Mut, und ein Bankrott war nur ein großes Familienabenteuer, das hohe Anforderungen an Fleiß und Optimismus stellte.

Wenn die Kinderbuchautoren heutzutage erkennen, was ihren kleinen Lesern nützt, werden sie an modernen Versionen des Themas arbeiten und zeigen, wie man den finanziellen Ruin abwenden oder bewältigen kann. Mit vielen Familien, die sich früher für unverwundbar hielten, geht es nun bergab. Sie alle leiden unter der größten europäischen Wirtschaftskrise seit dem Krieg. Die Situation wird, vor allem in Großbritannien, durch gesellschaftliche Tendenzen noch verschlimmert. Keine finanzielle Familienkrise nimmt allzu extreme Formen an, wenn man in seinem Haus bleiben kann. Aber die wachsende Zahl der Grundbesitzer (in den dreißiger Jahren besaßen nur fünfzehn Prozent der Briten ein Eigenheim – jetzt sind es viermal soviel) bedeutet, daß viele Leute mit ihrem Wohlstand auch das Dach über dem Kopf verlieren. Und nach dem Ansturm in den achtziger Jahren auf die Privatschulen müssen sich die Kinder von ihrem gewohnten Klassenzimmern und Freunden trennen, wenn das Geld zur Neige geht. Das sind britische Trends, doch der wachsende Lebensstandard veranlaßte die Bewohner ganz Westeuropas, immer mehr Konsumgüter für selbstverständlich zu halten. Nun muß man auf einiges verzichten, was man nicht mehr bezahlen kann.

Und wie gehen die Familien mit dem finanziellen Zusammenbruch um? Wie wirkt er sich auf Beziehungen aus? Schadet er den Ehen? (Einige scheitern allem Anschein nach, aber viel weniger als Sie vielleicht glauben, und manche Paare einigen sich auf einen seltsamen Waffenstillstand, weil sie das Haus, in dem sie wohnen, nicht verkaufen können.) Aber die Ehen, die wegen einer finanziellen Katastrophe zerbrechen, sind die uninteressantesten. Mich fasziniert es viel mehr, wie Familien in schweren Zeiten überleben und sogar aufblühen, sogar dann, wenn sie vor dem völligen Bankrott gestanden haben, und nur da stecke ich meine Nase hinein.

Mir selber ist so etwas noch nicht passiert, und so kann ich nur Ratschläge erteilen, indem ich von anderen betroffenen Familien berichte. Nehmen wir Lizzie und Andrew Mills. Vor drei Jahren besaß jeder der beiden einen Lamborghini, ihre drei Kinder besuchten Privatschulen, und sie leiteten gemeinsam ihre Firma. Ein paar riskante Export-Deals stürzten sie in Schulden; die Bank verlor die Nerven und forderte den Kredit zurück. Andrew und Lizzie protestierten und erklärten, den könnten sie nur bezahlen, wenn sie einen Teil ihres Geschäfts verkauften, wodurch der Rest unrentabel würde. Aber die Bank wollte nicht auf diese Argumente hören, und drei Monate später befand sich die Firma in den Händen von Konkursverwaltern. Auf Betreiben der Bank wurde das Londoner Haus zu einem Spottpreis verkauft, und die verwirrte, schockierte Familie zog ins einstige Wochenend-Cottage (glücklicherweise bar bezahlt), war bis über die Ohren verschuldet und konnte das Schulgeld fürs kommende Jahr nicht mehr bezahlen.

»Andrew klappte zusammen«, erzählt Lizzie. »Anders kann man's nicht nennen. Er machte sich schreckliche Vorwürfe, weil er seine Familie nicht gut versorgt hatte. Aber die Firma gehörte ja uns beiden, und an den letzten katastrophalen Entscheidungen war ich genauso beteiligt wie er.

Trotzdem wurde er vom Männlichkeitswahn erfaßt und gab sich die alleinige Schuld. Dazu kam die unglückselige Begleiterscheinung, daß er die ganze Welt verdammte.«

Es waren Lizzies Argumente und Aktivitäten, die den persönlichen Bankrott abwendeten, und ihre Bemühungen, die der Familie über die nächsten Monate hinweghalfen. »Ich gab sofort alle Kreditkarten auf, und wir wirtschafteten nur noch mit Bargeld. Abends arbeitete ich als Putzfrau in einem Büro, tagsüber als Schulköchin.« Für diese Jobs war sie zwar überqualifiziert, fand aber keine Zeit, um sich nach was Besserem umzusehen. Zwei Kinder waren sehr klug und bekamen Stipendien, das dritte beschloß, mit sechzehn von der Schule abzugehen. »Das war am schlimmsten«, erklären seine Eltern. »Das Gefühl, daß John unseretwegen seine ganze Zukunft geopfert hat.« Nach langen Gesprächen mit dem Vater, der aus seiner Erstarrung erwachte, um seinen Sohn vor einem fatalen Entschluß zu bewahren, war John bereit, die sechste Klasse der lokalen Gesamtschule zu besuchen, wo es ihm zu seiner eigenen Überraschung sehr gut gefiel. »Durch unsere Begeisterung für Privatschulen war er ein kleiner Snob geworden«, sagt Lizzie. »Und so hat ihm unsere Pleite sogar Vorteile gebracht.«

Einige Wochen später schüttelte Andrew seine Depressionen endgültig ab, blickte sich um und sah, daß Lizzies Energie den Ruin in einen durchaus erträglichen, wenn auch anderen Lebensstil umgewandelt hatte. Sie zahlen zwar immer noch ihre Schulden ab, aber beide betonen, ihre Beziehung sei niemals ernsthaft in Gefahr gewesen – teils, weil achtzehn gemeinsame Jahre die Ehe gefestigt hatten, und teilweise auch, weil Lizzie ihren Mann niemals für die schwierige Situation verantwortlich machte.

Und nun vergleichen wir diesen Fall mit dem Zusammenbruch, den Teddy und Laura Enderby erlitten haben. 1990 stellten sie den Prototyp der erfolgreichen Familie dar: Seit fünf Jahren verheiratet, zwei hübsche Kinder, ein komfortables Haus, sogar ein Pfau auf dem Rasen. Sie beschäftigten ein Kindermädchen, obwohl Laura nicht arbeitete. Heute wohnt sie mit den Kindern in einem gemieteten Bungalow auf einem heruntergekommenen Landgut, lebt von der Sozialhilfe und weiß nicht, wo Daddy steckt.

Sie behauptet, der finanzielle Ruin wäre der einzige Grund für die Trennung gewesen. »Nie erzählte er mir, was uns bevorstand, gab weiterhin Geld aus, bis er eines Tages nach Hause kam und sagte: ›Das war's.‹ Von mir erwartete er, ich müßte die Rolle der treu ergebenen, tapferen kleinen Ehefrau spielen und beteuern, das mache mir nichts aus. Doch das tat ich nicht. Ich bewarf ihn mit allen möglichen Sachen und nannte ihn einen Schweinehund, der uns alle im Stich gelassen habe.« Das war vielleicht unklug. Er verschwand und ließ sie mit all ihren Schwierigkeiten allein. Ohne Hilfe mußte sie sich mit Banken und Gerichtsvollziehern auseinandersetzen. Seine letzten Worte lauteten: »Ich dachte, du würdest es wenigstens verstehen. Aber wahrscheinlich hast du dich immer nur für mein Geld interessiert.« Nun wundert sich Laura, warum sich eine Ehe so schnell in Luft auflösen kann.

Doch als ich ihr von Lizzie Mills erzählte, schnaufte sie verächtlich. »Oh, wie langweilig, wie billig! Warum hält diese Frau die Stellung und geht in Büros putzen, während er seinen Stolz hätschelt und in seinem sogenannten Zusammenbruch schwelgt? Warum geht *er* nicht putzen, verdammt noch mal?«

Aber wenn Laura müde ist und die Kontrolle verliert, wünscht sie, die Dinge wären anders gelaufen. »Nun ja, okay, ich war schockiert. Vielleicht hätten wir eine Lösung gefunden.« Aber sie weiß, daß ihre Ehe auf unsicheren Grundmauern gestanden hat. Von ihrer Mutter war sie nach dem Motto erzogen worden: Wenn du hübsch und nett bist, machst du eine gute Partie, bist finanziell abgesichert und bekommst Kinder. Das Selbstwertgefühl ihres Ehemanns beruhte nur auf seinem Verdienst, Gefühle drückte er nur aus, indem er goldene Armbänder verschenkte, statt seiner Frau Verständnis entgegenzubringen. Sie lebten ganz gut zusammen, solange der Wohlstand ausreichte, um jedem einen gewissen Freiraum zu bieten, um Reibereien zu vermeiden. Wer weiß, wie viele andere Ehen sich in einem solchen Zustand befinden, wo die Rädchen im Getriebe schlecht zusammen passen und nur durch hohes Einkommen oder solides Kapital geölt werden?

Allmählich schält sich ein Prinzip heraus. Lizzie Mills hat es erkannt. »Man darf niemals zu hoch bewerten, was man verliert. Ich weinte um meinen großen Garten und die Freunde, als ich's mir nicht mehr leisten konnte, in ihrer Nähe zu wohnen. Aber trotz der vielen Bäume konnte ich immer den Wald sehen. Man muß das Geld wie einen warmen Regen betrachten. Manchmal rieselt er auf einen herab, manchmal eben nicht. Das hat keine persönlichen Gründe. Man bleibt ein und derselbe Mensch, führt immer noch dieselbe Ehe. Und ich wußte die ganze Zeit, daß wir eine Familie bleiben würden.«

Noch ein Prinzip: Je jünger die Kinder sind, desto weniger scheinen sie unter finanziellen Schwierigkeiten zu leiden. Als ein Bruder und seine Schwester erfuhren, die Eltern müßten ihr Haus aufgeben, fragten sie: »Laßt ihr euch scheiden?« Mit sechs und acht Jahren hatten sie genug Freunde, um zu wissen, daß solche Dinge passieren. Sobald ihnen versichert wurde, die Familie würde zusammenbleiben, selbst wenn sie in einem Zelt wohnen müßte, waren die beiden glücklich und kooperativ und kreativ.

Aber wie ein anderes Ehepaar feststellte, das ebenfalls zusammenhielt und Teenager-Kinder hatte, wirkte sich der deutlich geringere Lebensstandard viel schlimmer auf das Familienleben aus als erwartet. »Sie waren dreizehn und fünfzehn«, erzählt Erica, die Mutter, »immer noch finanziell abhängig, aber sie wollten sich unabhängig fühlen. Nie hatte ich geahnt, wieviel von ihrer Selbstachtung mit Geld bezahlt wurde. Nun bereute ich zutiefst, daß ich das zugelassen hatte. Emma besaß ein Pferd und hatte mehrere Preise im Ponyclub gewonnen. Und John hatte ein Rennschlauchboot. Es kam deshalb zu gräßlichen Szenen, denn obwohl wir das Pferd und das Boot finanzierten und überall herumkutschierten, gehörte beides den Kindern. Es repräsentierte ihre größten Talente, ihre größte Freude, das gemeinsame Interesse mit den Freunden.« Das Pferd und das Boot mußten verkauft werden, bevor die Familie in eine kleine Wohnung übersiedelte. Fairerweise gibt Erica zu, eigentlich hätten die Kinder den Verkaufserlös bekommen müssen. »Aber das ging mir gegen den Strich. Wir mußten mit zweiundfünfzig Pfund in der Woche auskommen, ich erledigte zu Hause Schreibarbeiten, und die beiden hätten plötzlich fast tausend Pfund pro Kopf eingesteckt. Das widerstrebte mir, vor allem, weil sie sich völlig in ihrem Kummer vergruben und mir niemals Hilfe anboten.«

Jetzt erkennt sie ihren Fehler. Sie hatte nie gemerkt, daß sich die Interessen der Kinder ausschließlich um teures Eigentum drehten. »Es wird einem gar nicht bewußt, wie sehr das moderne gesellschaftliche Leben und das Glück vom Geld abhängen. Ein Auto, ein Boot, ein Wohnwagen – nur Spielsachen, aber ohne sie brechen wir zusammen.«

Vielleicht ist das die Moral dieser Geschichte. Sie können eine finanzielle Krise meistern, wenn Sie schon früher verhindert haben, daß das Geld eine zu große Rolle in Ihrem Leben spielt. Und vorausgesetzt, dieser oder jener Ehepartner (meistens ist es der Mann, aber auch Frauen droht diese Gefahr) hat seinen eigenen Wert nicht ausschließlich nach dem Verdienst gemessen, den er nach Hause bringt.

Mehrere Familien, mit denen ich mich unterhielt (die *nouveaux ruinés*), waren bemerkenswert fröhlich und scherzten sogar über ihre mißliche Lage, so real sie auch war. Anscheinend gibt es Temperamente und Beziehungen, die über allen Schwierigkeiten stehen, und vielleicht sollte jeder von uns versuchen, heitere Gelassenheit zu lernen. Und was am wichtigsten ist – wir dürfen unseren gewohnten Komfort nicht als Lebensinhalt betrachten.

14. Spiel und Spass, Gäste und Feste

Die Stunden mit der Familie

Als geborener Hippie (oh, wie gern würde ich in einer Kommune leben und den Küchentisch nur abwischen, wenn ich an der Reihe bin – einmal pro Woche) wehrte ich mich immer entschieden gegen die traute Kleinfamilie, die alles gemeinsam unternimmt und der sich niemand anders anschließen darf. Noch dazu in lauter gleichen Pullovern. Ich wünschte mir ein breitgefächertes, freimütiges Kommunardenleben. »Je mehr Leute, desto besser!« rief ich, nahm ganze Kinderhorden auf Jahrmärkte und ans Meer mit, füllte das Haus mit Gästen und bot jedem, der zufällig vorbeikam, ein Zimmer an. Irgendwie schien das die schreckliche Intensität der ersten Jahre zu mildern, in denen wir die Kinder aufzogen. Ebenso wie die Gewohnheit, hin und wieder allen zu entfliehen – ein Elternteil verschwand mit Freund oder Freundin, um sich zu erinnern, wie das Leben früher gewesen war. Bis zu einem gewissen Grad tue ich das alles immer noch. Aber als die Kinder älter wurden, nach dem achten Geburtstag, erkannte ich, daß eine Familie auch mal Zeit für sich selber braucht und gemeinsame Freuden genießen muß, ohne andere Leute.

Das ist besonders wichtig, wenn beide Eltern arbeiten. Wir jonglieren in unserem Familienleben so effizient mit der Zeit, daß wir das kuriose Phänomen der »Wetterhäuschen-Familie« geschaffen haben – ein Haushalt, wo ein Elternteil immer irgendwo draußen ist, während der andere die Kinder betreut. Das bringt den Vorteil, daß den Kindern die Gelegenheit geboten wird, sowohl mit dem Vater als auch der Mutter richtig zu reden. Die Eltern verfallen nicht in ein Erwachsenenkauderwelsch, das die Kinder ausschließt. Und der Nachteil: Wenn man nicht aufpaßt, divergieren die einzelnen Interessen, bis man keine Familie mehr ist, sondern nur noch eine Wohngemeinschaft.

Wir erlebten solche Phasen, und mein Mann versteht es besonders gut, die Gefahr abzuwenden, indem er energisch für Familienaktivitäten eintritt. Ich sage zum Beispiel: »Hör mal, du gehst mit den Kindern Boot fahren, und ich arbeite...« Dann starrt er mich an und erwidert: »Du kommst mit.« So geschieht es auch, und wir haben eine weitere geteilte Erinnerung, die uns alle verbindet, so trivial sie auch sein mag.

Es muß kein Ausflug sein, nicht einmal ein Spaziergang oder ein Besuch im Schwimmbad. Vielleicht ist es nur eine Familienmahlzeit, nachdem Sie alle eine Zeitlang getrennt gegessen haben, eine Fernsehsendung, die man sich zusammen anschaut, ein Film, ein Spiel wie Scrabble oder Monopoly. Und es könnte sich sogar zufällig was ergeben: Ich kenne eine Familie, die neulich mit ihrem Boot auf einer Sandbank strandete. Dort saßen sie alle acht Stunden lang fest, hatten nichts zu lesen oder zu spielen. Ich würde sagen, sie sind eine durchschnittliche, streitlustige, schwierige Bande, so wie die meisten Familien. Aber in jener Situation wuchs jeder über sich hinaus. Sie hatten einen Picknickkorb, genug Bier und Limonade, und sie erfanden Spiele wie Streichhölzer anzünden und Holzkohlebilder zeichnen. Und als die Flut stieg, sangen sie alle Lieder, die sie jemals auswendig gelernt hatten. Später versicherten sie einmütig (das jüngste Kind, fast noch ein Baby, inklusive), das sei einer ihrer schönsten gemeinsamen Tage gewesen. Einfach nur beisammen zu sein, außerstande, von der Sandbank wegzukommen, und das Beste draus zu machen...

Jede Familie braucht solche Erlebnisse, und wenn sie Ihnen fehlen, werden Sie diesen Mangel schmerzlich spüren. Also lohnt es sich, dergleichen auch dem mißmutigsten, widerwilligsten Familienmitglied aufzuzwingen.

Abenteuer fördern dieses Familiengefühl und helfen einem, es später wieder heraufzubeschwören, wenn man etwas weniger Spektakuläres unternimmt, zum Beispiel einen Restaurantbesuch oder einen Spaziergang. Manche Familien stürzen sich geradezu in große Abenteuer, die sie zusammenschweißen. Vor einigen Jahren entschied die Schriftstellerin Christina Hardyment plötzlich, sie hätte es satt, ständig den Chauffeur und Lakaien zu spielen, für die Kleidung der Kinder zu sorgen und sie alle zur Schule zu fahren, wo sie zu Erwachsenen weiterverarbeitet wurden. Also machte die ganze Familie im Sommer eine große Europareise in einem kanariengelben Wohnwagen, auf den Spuren bekannter Gestalten aus europäischen Kinderbüchern, von Babar bis Heidi.

Die Lektüre ihres Buchs inspirierte mich zur Erinnerung an meinen alten Wunsch, in einem kleinen Boot um Großbritannien herumzusegeln (1700 Meilen). Ich redete meinem Mann ein, er und ich und ein fünfjähriges und ein dreijähriges Kind (unsere Tochter feierte unterwegs ihren vierten Geburtstag) würden dreieinhalb Monate lang großartig in einer kleinen Kabine miteinander auskommen. Also brachen wir auf, und die Reise wurde tatsächlich ein Erfolg.

Seit damals sprach ich mit vielen Leuten, die durch Europa geradelt waren, das jüngste Kind an Vaters Fahrrad festgeschnallt, während die anderen drei selber in die Pedale getreten hatten. Ich redete mit vier Kindern und ihrer arbeits- und mittellosen alleinerziehenden Mutter, die ihr Apartment verkauft und einen Wohnwagen erstanden hatte. Vier Monate lang fuhren sie durch England, lebten von Gelegenheitsjobs, tippten und putzten und strickten. Und ich unterhielt mich mit zahlreichen Wasserzigeunern, die beschlossen hatten, alles zu verkaufen und einfach loszusegeln; und was mich besonders beeindruckte – mit einem einstigen Workaholic, einem Hausmakler, der von der Rezession betroffen worden war und seiner versnobten Frau plötzlich erklärt hatte, die Familie würde den ganzen Sommer in den Rockies kampieren und sich Amerika anschauen. Die Geschäftslage könne ohnehin nicht mehr schlimmer werden, und er wolle seine Kinder kennenlernen, ehe es zu spät sei.

Alle diese Trips waren erfolgreich – sogar diejenigen, die wegen technischer Schwierigkeiten nicht bis ans Ziel führten. Gemeinsame Abenteuer haben einen ganz besonderen Vorzug. Wenn man zwischendurch auch mal in Wut gerät, durch solche Erlebnisse entstehen gemeinsame Erinnerungen, Familienscherze, eine private Sprache und eine enge Verbundenheit – lauter Dinge, die man im modernen, von Fernsehen und Videos, Autos, Hobbys und weit entfernten Schulen geprägten Alltag oft vernachlässigt. Ein Familienabenteuer ist ein Dampfkochtopf, okay, aber es kommt gute Nahrung heraus. Reisen an fremde Orte reißen Sie aus festgefahrenen Gewohnheiten, beleben Sie, helfen Ihnen, die Welt klarer zu sehen; und wenn die ganze Familie diese neuen Visionen teilt, wächst sie fester zusammen.

Es kann auch ein kleines Abenteuer sein: Ein Jahr nach einem langweiligen Weihnachtsfest fuhren wir mit der Fähre nach Frankreich und mit dem Zug nach Paris und wohnten in einem beengten, spottbilligen Hotel am Montmartre. Zwei Tage lang taten wir nichts anderes, als herumzulaufen, aber die Abenteuer begegneten uns auf Schritt und Tritt. Die Kinder entdeckten Wasserspeier, und ein echter Bischof unterhielt sich sehr freundlich mit uns. Wir fanden ein großes Zelt, und darin besichtigten wir eine Ausstellung polnischer Weihnachtskrippen. Wir aßen fremdartige Speisen und kletterten auf den Eiffelturm. Drei Jahre später reden wir immer noch darüber, und alles erscheint uns um so schöner, weil wir's zusammen erlebt haben. Obwohl es mindestens fünf Streitereien und zahllose heftige Diskussionen gab und ein Kind am zweiten Tag Grippe bekam. Ich weiß nicht, ob wir wirklich jede einzelne Minute genossen haben (nie bin ich so erschöpft gewesen wie auf der Rückreise). Aber im Rückblick finden wir alles wunderbar, und der Rückblick ist stets von längerer Dauer als das eigentliche Abenteuer.

Ferien

Im Familienurlaub kann man auf Abenteuersuche gehen. Aber zur Ferienzeit sind wir meistens so müde, daß wir keine Lust dazu haben. Deshalb entscheiden wir uns oft für »vorgefertigte« Erholung, für Orte, wo »die Kinder garantiert den ganzen Tag lang beschäftigt werden« und die Eltern ihre Ruhe haben. Wir versuchen, Abenteuern auszuweichen.

Teilweise ist der Job dran schuld. Wie eine interessante Untersuchung neulich ergab, nehmen jüngere, ungebundene, kinderlose Firmenangestellte so oft wie möglich Urlaub, während die älteren (mit heranwachsenden Kindern oder Teenagern) oft auf einen Teil des ihnen zustehenden Urlaubs verzichten, obwohl sie durchaus entbehrlich wären. Wahrscheinlich finden ältere leitende Angestellte eine vierzehntägige Reise mit der Familie viel stressiger als die Arbeit, oder sie bevorzugen eine geruhsame Woche in den eigenen vier Wänden. Nicht zu Unrecht. Wir reden hier hauptsächlich von Männern, und da haben wir's mit einer unglückseligen Laune des Schicksals und der Biologie zu tun: Wenn ein Mann ein Stadium erreicht, wo er eine Abteilung voller nörglerischer, unberechenbarer, aufmüpfiger Untergebener kommandiert, ist auch sein Familienleben herangereift, und er kehrt jeden Abend in ein Haus voller nörglerischer, unberechenbarer, aufmüpfiger Teenager zurück. Und ein Urlaub mit diesem Hornissennest erscheint ihm mindestens ebenso anstrengend wie die Möglichkeit, am Schreibtisch sitzen zu bleiben und die Übernahme von Amalgamated Consolidated Foodstuffs zu planen. Seinem dreizehnjährigen Sohn kann man nämlich nicht kündigen.

Daddy, der arme Teufel (oder die Karriere-Mummy), hat vielleicht so lange fern von zu Hause inmitten von Profis gearbeitet, daß er/sie nicht mehr weiß, wie es ist, Befehle zu erteilen, die mit Gleichgültigkeit, Hohn oder dem Vorschlag beantwortet werden, er/sie solle sich seine/ihre Eiscreme selber holen. Wenn der erschöpfte Elternteil gelernt hat, sich abzuregen, zu lächeln, Strand-Kricket zu spielen, Fehlschläge achselzuckend hinzunehmen, die Arme auszubreiten und *»mañana«* zu murmeln, sind die vierzehn Tage vorbei. Dann muß man ins Büro zurückkehren, in gefährlich entspannter, verwundbarer Verfassung, des Schutzpanzers beraubt.

Nach meiner Meinung lassen sich beide Probleme – Ferienstreß und Mangel an Familienabenteuern – auf dieselbe Weise lösen. Seien Sie aktiv. Wie andere Untersuchungen zeigen, sind die Berufstätigen, die mit ihren Familien etwas unternehmen – Bergtouren, Segeln, Radfahren, Camping – eher bereit, Urlaub zu machen. Die Familien freuen sich mehr darauf und kooperieren besser als in vom Reisebüro organisierten Ferien, die niemals halten, was sie versprechen. Ein Abenteuerurlaub zwingt alle, sich zu konzentrieren und ein gemeinsames Ziel anzustreben.

Der frühere BBC-Direktor, Sir Ian Trethowan, erklärte einmal, er könne sich nur beim Segeln richtig erholen, denn sobald er die Vertäuung gelöst habe, müsse er sich auf Wind und Wellen konzentrieren und die neuesten BBC-Streitigkeiten vergessen. Inmitten einer griechischen Flottille traf ich eine besonders zufriedene Familie. Der Vater wollte segeln, der Sohn mit Mädchen flirten, die Mutter ebenso wie die Töchter im Bikini herumliegen und abends Tavernen besuchen. In einer griechischen Flottille kann man sehr geruhsam segeln, und alle kamen auf ihre Kosten. Der Kapitän war glücklich und befehligte das Schiff, während die anderen sich sonnten und die Befehle ignorierten.

Falls Sie Aktivitäten an der frischen Luft lieben (und ich gebe zu, viele Leute denken da ganz anders und erschauern sicher bei der Lektüre dieses Abschnitts; falls das auf Sie zutrifft, tun Sie sich selber einen Gefallen und blättern Sie weiter zu den »Bildungsreisen«), werden Sie feststellen, wie sehr es die Familienbeziehungen fördert, wenn die Kinder ihre Eltern mit den Elementen kämpfen sehen und ihnen dabei helfen. Einmal verbrachten wir zu Ostern drei Tage in einem Pferdewagen, kuschelten uns während eines wilden Sturms am Lagerfeuer aneinander, ließen die Würstchen verkohlen und versuchten uns zu entsinnen, wie wir unsere stämmige, kuhäugige Stute anschirren mußten, um die nächste Etappe unserer Reise in Angriff zu nehmen. Mit drei Stundenkilometern ging es bergauf und bergab. Abends plagten wir uns mit teuflischen Klappbetten herum, steckten die Reisegefährten, die noch nicht sieben Jahre alt waren, unter die Decken und betranken uns, um die Kälte abzuwehren. Wir losten aus, wer mit einer Fackel durch die sumpfige Wiese stapfen mußte, um nachzuschauen, ob das Pferd noch da war. Und wir brachten es sogar fertig, das höllisch komplizierte Toilettenzelt aufzubauen. Alles in allem war es ein großer Erfolg, ebenso wie der gräßliche Kabinett-Kreuzer im Hagel und das Kanalboot mit den vereisten Fenstern, an dem die zwei Ankerwinden fehlten.

Ich finde, das klingt einleuchtend. Immer wieder erklärt man uns, Kinder würden das Beispiel Erwachsener brauchen. Sie sollen sehen, wie die Eltern Schwierigkeiten bewältigen und Probleme lösen, und lernen, worauf es im Beruf und im Leben ankommt. Wenn ihre Mutter ständig daheim ist, beobachten sie, wie man einkauft, kocht, Betten macht, den Garten pflegt und so weiter, und wie tapfer sie mit dem Nissenkamm und der Bescherung des Hundes auf dem Teppich umgeht. Aber Väter – und berufstätige Mütter – sind rätselhafte Gestalten, die morgens weggehen und abends müde heimkehren. Dazwischen haben sie viele Schwierigkeiten gemeistert und Durchhaltevermögen bewiesen, aber nicht vor den Augen ihrer Kinder.

In alten Zeiten sahen die Kinder ihre Väter pflügen, Kühe melken, schmieden oder einen Laden führen und ahmten sie nach. Heutzutage wird kein Fünfjähriger in freudige Erregung geraten, wenn er erfährt, Daddy habe ein geschlachtetes Schwein zerteilt oder einer Ölgesellschaft eine Versicherungspolice verkauft. Und was geschieht im Urlaub, wenn beide Eltern sichtbar werden? Mummy und Daddy stellen sich wie Schafe auf Flughäfen an, werden von Stewardessen und Reiseleiterinnen mit Dauerwellen herumgescheucht, in Busse und Hotels verfrachtet. Im Ausland erleben die Kinder mit, wie schlecht sich ihre Eltern in der fremden Sprache verständigen können, wie sie von der Hitze niedergedrückt werden und nicht einmal anständige Sandburgen bauen können.

Aber wenn Sie den Urlaub selber organisieren – selbst wenn Sie nur Fahr- und Flugpläne studieren und auf die Dienste eines Reisebüros verzichten –, sehen die Kinder, wie Sie Probleme lösen (und, falls Sie Glück haben, Ihr Temperament im Zaum halten). Und bei einer zwanzig Kilometer langen Fahrt zum Meer erzählt Dad wahrscheinlich eher von dummen Streichen in seiner Kindheit als in der Abflughalle von Heathrow. Ob Sie nun auf der Fähre den Kanal überqueren, einen Pferdewagen oder ein Boot mieten – Kinder müssen einbezogen werden, das Tau an Land werfen, die Zügel halten. Von Natur aus sind sie tatendurstig und zielstrebig. Deshalb sollte man sie nicht zu Mitläufern und Drohnen reduzieren, durch teure Vergnügungsparks schleppen oder einfach herumhängen lassen, bis die nächste Mahlzeit fällig ist, bei der sie – falls sie alt genug sind – den spanischen Kellnern schöne Augen machen. Kurz gesagt, aktive Ferien formen den Charakter.

Das sagte ich mir auch um zwei Uhr nachts in jenem schrecklichen Wohnwagen. Ich wollte Wasser trinken, und obwohl sich mein Ohr praktischerweise ans Spülbecken preßte, lag die Fußpumpe unter meinem Klappbett. Hätte ich es hochgehoben, wären die anderen gestört worden. Also mußte ich über die Deichsel in den Schlamm hinabsteigen, mich unter den Wagen zwängen und die Pumpe mit der Hand bedienen. Am Ziel angekommen, merkte ich, daß ich kein Glas unter den Hahn gestellt hatte. Und es festigte meinen Charakter ganz enorm, als ich nicht wieder hervorkriechen konnte, ohne die ganze Familie zu wecken. Die Kinder reden immer noch darüber. Oder über die Nacht, wo Rose den Stöpsel aus unserer gemeinsamen Luftmatratze trat und wir alle auf den kalten, steinigen Boden sanken. Oder über den Tag, wo sie von der Fähre fiel.

Bildungsreisen

Ja, schon gut, Sie sind kein Frischluft-Typ, und allein schon die Lektüre der obigen Berichte hat Sie ermüdet. Sie wohnen also in einem Hotel oder einer Ferienvilla und besichtigen Sehenswürdigkeiten. Bevor Sie jammern: »Was meint Sie denn damit? Sehenswürdigkeiten? Mit Kindern? Die wollen ohnehin nur in den Vergnügungspark«, lassen Sie mich versichern, daß ich Bescheid weiß. Versprechen Sie ihnen den Vergnügungspark, wenn vorher ein bißchen Kultur getankt wird. Zum Beispiel: »Auf dem Weg zum Euro-Disneyland schauen wir uns Paris an.« Halten Sie an den Sehenswürdigkeiten fest, und die Kinder werden es Ihnen letzten Endes danken, glauben Sie mir. Nun ja – das natürlich nicht, aber Sie können in ihrem späteren Leben die Resultate sehen, wenn sie schon frühzeitig mit interessanten Dingen konfrontiert wurden.

Vielleicht müssen Sie ab und zu ein bißchen Frust verkraften. Ich war etwa zehn Jahre alt, als meine Mutter mir die Schätze Tutenchamuns zeigte. Wir fuhren per Schiff von Südafrika nach Hause. Und sie nutzte die Gelegenheit, um am Südende des Suezkanals von Bord zu gehen und in Port Said wieder zuzusteigen. Ich erinnere mich an die Pyramiden, eine Sphinx ohne Nase, an meinen Ritt auf einem Kamel namens Monty, an eine Busreise durch die Wüste, den erstaunlichen Anblick unseres Schiffs, das über dem Sand zu schweben schien, an den Kauf einer Reitpeitsche mit einem Nofretete-Kopf aus Plastik, der als Griff fungierte. Aber von den Schätzen Tutenchamuns weiß ich nichts mehr. Jahre später wurden sie ins Londoner British Museum gebracht, und ich erwähnte zu Hause, ich würde sie mir ansehen, wenn der Andrang nachließe. Da explodierte meine Mutter: »Du kennst sie doch! Ich bin mit dir hingegangen. Damals in Ägypten!« Der uralte Schmerzensschrei kulturell frustrierter Eltern – selbst wenn man einem Kind die wunderbarsten Dinge zeigt, man kann es nicht zwingen, darüber nachzudenken oder genau hinzuschauen.

Manche Eltern geben es auf und halten sich an Vergnügungsparks und Ruderteiche, solange die Kinder klein sind, an Discos und Surfstrände, wenn sie mit Teenagern verreisen. Einige liefern ihre Sprößlinge für den ganzen Tag in einem »Club Mickey« französischen Stils ab und besichtigen allein Gemälde und Gebäude. Sie behaupten, es sei reine Zeitverschwendung, Kinder auf solche Touren mitzunehmen. Venedig wird erst eingeplant, wenn die Nachkommenschaft von zu Hause ausgezogen ist.

Ist das richtig? Trotz meiner Totalamnesie, was das Grab des jungen Pharaos betrifft, erinnere ich mich lebhaft an das Kamel Monty und seinen stinkenden Atem, die Sphinx, den Wüstensand, die Menschenmassen in Kairo. Und wenn ich noch weiter in die Vergangenheit zurückblicke – mit vier Jahren war ich in Thailand und könnte sofort die riesigen Zehen des schlafenden Buddhas zeichnen. Ich weiß nicht, ob ich den langen Marsch zu seinem Kopf geschafft habe, entsinne mich aber dunkel meines nassen Höschens. Und ich erinnere mich an die versteinerten Gestalten von Pompeji, die in ewigem Staunen in ihren Lavahüllen schlafen, obwohl ich damals fast noch ein Baby war und nur eine knappe Stunde im Museum verbrachte. Und die Schweizer Höhle, in die sich der Heilige Nikolaus von der Flüe zurückzog, um seiner Familie zu entrinnen und ein Einsiedlerleben zu führen... Auch daran erinnere ich mich, allerdings nur verschwommen – vielleicht wegen einer bissigen Diskussion meiner Eltern über Männer, die nie da sind, wenn man sie braucht, sondern in Höhlen oder Büros verschwinden.

Die Moral dieser Memoiren: Es lohnt sich, Kinder auf Besichtigungstouren mitzunehmen, solange Sie nicht erwarten, daß sie dasselbe sehen wie Sie. Das lehrten mich die

Weltreisen meiner Kindheit, durch den Beruf meines Vaters veranlaßt. Kinder und Teenager schleppen nicht soviel kulturelles Gepäck mit sich herum wie Erwachsene. Man muß ihnen einen eigenen Blickwinkel zubilligen. Sie denken nicht: »Oh, das Tadsch Mahal!« Oder: »Oh, Venedig, wie wundervoll! Was sagte Ruskin doch gleich...« Sie gehen einfach um die Ecke, entdecken irgendwas und rufen: »Oh, schaut mal!« Oft spähen sie in eine Richtung, die wir – nach der Lektüre unserer Reiseführer – unpassend finden.

Viele Eltern kennen solche Erlebnisse. Sie führen ihr Kind in den Zoo und stellen fest, daß es den Abfalleimer in Gestalt eines Plastikfrosches viel interessanter findet als die leibhaftigen Tiere. Das wird akzeptiert. Also seien Sie genauso tolerant, wenn Sie meilenweit gereist sind, um Ihrem Kind die Wunder der Zivilisation zu zeigen, und es fasziniert eine Eidechse auf der Festungsmauer beobachtet.

Mit übermenschlicher Mühe werden Sie's schaffen, Ihren Zorn zu zügeln, wenn ein Kind vor dem schönsten europäischen Kirchenfenster mit prächtigen Glasmalereien steht und sich weigert, den Blick zu heben. Sagen Sie sich, daß Kindern oft viel interessantere Dinge auffallen, weniger offensichtliche, und daß sie dadurch der ganzen Familie zu einer neuen Perspektive verhelfen. Zum Beispiel sehen sie eine gemeißelte Maus auf dem Fuß eines Ritters, dessen Ebenbild seine Grabplatte schmückt, einen Adler in einem fast zerstörten Mosaikboden, einen Wasserspeier mit heraushängender Zunge. Spielen Sie mit, genießen Sie's, vergessen Sie das bunte Fenster; auf dem Weg nach draußen können Sie eine Ansichtskarte davon kaufen. Aber wenn man's drauf anlegt, einem Kind das Reisen, die Kunst und die Zivilisation zu verleiden, sollte man mit schriller Stimme verlangen, daß es sich die Marmormadonna – oder was auch immer – genau anschaut, weil der Trip eine Menge Geld kostet.

Kinder oder Teenager werden viel mehr Spaß an der Kultur finden, wenn sich jeder (wie es in einer mir bekannten Familie üblich ist) am Eingang von Gemäldegalerien eine Ansichtskarte kauft und dann losläuft, um das abgebildete Original zu suchen und möglichst viel darüber zu notieren.

Wie Ihnen jede schwitzende Familie bestätigen wird, die sich an einem Augusttag durch die Akropolis kämpft, gibt es einige Grundregeln. Halten Sie sich von Menschenmassen fern. Es gibt überall Nebenstraßen und Hintergassen und weniger bekannte Sehenswürdigkeiten – für eine fremde Stadt genauso charakteristisch wie die berühmten und in Kinderaugen »anders« und eindrucksvoll. Wenn im Petersdom ein unerträgliches Gedränge herrscht – Rom besitzt noch andere schöne Kirchen. Und wenn vor den kunstvollen lykischen Felsengräbern in der südlichen Türkei fünf Reisebusse parken – es ist nicht weit zu einer wundervoll ruhigen, ebenso alten und atmosphärisch dichten, wenn auch nicht so ruhmreichen Grabstätte. Und bedenken Sie: Kinder sind kleiner als Erwachsene und finden es nicht besonders erfreulich, all die Dinge durch einen Wald aus Popos und baumelnden Fotoapparaten zu betrachten. Nutzen Sie Schlechtwettertage und frühe Morgenstunden, um die bedeutsamen Sehenswürdigkeiten zu besichtigen.

An der türkischen Küste wurden wir einmal von einem heftigen Aprilregen überrascht und wanderten zur zweitausendjährigen Ruine eines Amphitheaters an einem Berghang. Außer uns war niemand da. Es hörte zu regnen auf, und wir saßen in einer der Sitzreihen, während die Kinder – damals noch keine fünf Jahre alt – unten umherrannten. Schon immer fasziniert von Pantomimen, merkten sie bald, daß sie sich in einem Theater befanden, improvisierten und deklamierten Verse. Die Akustik funktionierte so großartig wie eh und je. Ich stelle mir gern vor, daß die beiden an jenem Tag einen lebhaften Eindruck vom Amphitheater gewannen, vielleicht nachhaltiger, als es bei einer Tour mit Fremdenführer geschehen wäre.

Älteren Kindern können Sie einiges erzählen. Es ist wohl am besten, wenn Sie vor den Besichtigungen einen Reiseführer lesen, sich möglichst viel einprägen und dann auf eventuelle Fragen warten. Wenn ein Kind angesichts einer Festung fragt: »Wie alt ist die? Wer hat sie gebaut?«, ist es angenehm, eine Antwort parat zu haben. Aber nichts wirkt deprimierender als bildungsbewußte Eltern, die endlose Vorträge halten.

Was Museen betrifft – solange Sie Ihre Kinder zu nichts zwingen, interessieren sie sich von selbst für Altertümer und Naturgeschichte. Ein Museum muß kein Vergnügungspark sein, das den Erlebnishunger stillt, angefüllt mit Wachsfiguren oder aufziehbaren Rittern. So was macht sicher Spaß. Aber sogar konventionelle Museen können entspannte, empfängliche Kinder faszinieren (wenn ihnen von erwachsenen Begleitern die richtige Einstellung vermittelt wird). Neulich half ich als Aufsichtsperson bei einem Schulausflug von Zehn- und Elfjährigen aus. Wir besuchten das Londoner Natural History Museum. Alle Publikumshits wie die Räume, wo man selber aktiv werden konnte, und der gigantische Blauwal gefielen ihnen natürlich besonders gut. Aber auf der Heimfahrt im Bus sprachen sie genauso begeistert von den ausgestopften Kolibris in den riesigen viktorianischen Schaukästen und ein paar ziemlich staubig wirkenden Fossilien. Ein Skelett ist allen Altersstufen willkommen, ebenso wie eine Relieflandkarte mit winzigen Bergen oder alle Arten präparierter Pelztiere; aber auch das Heißluftgebläse, das einem den Mantel bis zum Kopf hinaufweht. Man darf sich nicht ärgern, wenn die eigenen Kinder solche Dinge großartiger finden als die Ausstellungsstücke. Sie selber können doch auch nicht den ganzen Tag Wissen absorbieren, oder? Wenn Erwachsene in venezianischen Gondeln flirten dürfen, sollte man Kindern erlauben, auf dem Heißluftgitter herumzuhüpfen.

Es lohnt sich, immer neue Versuche zu wagen, trotz gewisser Tiefpunkte (schrilles Verlangen nach Eiscreme in den Uffizien oder nach Toiletten am Rialto). Wenn die Situation verzweifelte Ausmaße annimmt, flüchten Sie in ein Café. Wenn die Kinder jammern, stimmen Sie nicht ein. Entkrampfen Sie die Atmosphäre, springen Sie auf eine Mauer, benehmen Sie sich kindisch und enthusiastisch. Alles was in den kleinen Gehirnen haften bleibt, alle Wunder dieser Welt, sind eine wertvolle Investition in die seelische und geistige Zukunft.

Wir geben überschüssiges Geld immer für Reisen aus, nicht für respektable Kleidung oder neue Möbel, im Gegensatz zu vernünftigen Erwachsenen. Und so sind wir mit den Kindern schon viel herumgekommen. Nach Reisen durch Großbritannien, die südliche Türkei, Griechenland und ein paar andere europäische Länder fragte ich sie nach ihren lebhaftesten Erinnerungen. »Euro-Disneyland«, sagten sie, und als ich ein langes Gesicht machte, fügten sie hinzu: »Und die schönen Löcher in der Türkei, wo sie die Toten reingelegt haben, und Notre Dame in Paris und das Café in Griechenland mit dem Blätterdach. Und die Baumstammfahrt im Pleasurewood-Hills-Vergnügungspark. Und wie wir mit der Drahtseilbahn durch die Wolken in die Alpen raufgefahren sind. Und die Landung in Orkney und die Puppenwerkstatt.« Eine gesunde Mischung. Ich war zufrieden.

Aber ich nehme mir auch die kluge Bemerkung einer Kollegin zu Herzen, einer Journalistin, die den übertriebenen Eifer während eines Familienurlaubs kritisierte. Sie erklärte, man müsse bedenken, daß es für größere Kinder und Teenager ein besonderes Ferienerlebnis sei, an Regentagen bäuchlings auf dem Bett zu liegen, im eselsohrigen Zauberlehrbuch zu blättern und auszuprobieren, ob sie die Tricks nachmachen können. Also strengen Sie sich nicht zu sehr an…

Urlaub mit anderen Familien

Das soll nichts von dem entkräften, was oben über Familienverbundenheit gesagt wurde. Sie kann während eines Urlaubs mit anderen Leuten sogar wachsen – vorausgesetzt, Sie sind alle gut befreundet und vertreten in etwa die gleiche

Meinung, was häusliche Schlamperei, Geld, Schlafenszeiten, Disziplin und die Ausdrucksweise der Kinder betrifft. Ein gewisses Maß an familiärer Privatsphäre ist hilfreich, ebenso wie ein bis zwei Kisten Wein. Zwei Punkte sollte man allerdings beachten: a) Probieren Sie's erst einmal an einem oder zwei Wochenenden aus, vorzugsweise unter stressigen Bedingungen wie auf einem gemieteten Boot. b) Vereinbaren Sie, daß allen Eltern gestattet ist, alle unartigen Kinder anzuschreien, ohne Rücksicht auf die verwandtschaftlichen Beziehungen. Nach einer halben Kiste Wein weiß man ohnehin kaum noch, welche Kinder die eigenen sind. Unter solchen Umständen werden die gemeinsamen Ferien bestens funktionieren.

Die Versammlungen des ganzen Clans

Der Gipfel aller Familienfeste. Letztes Jahr amüsierte sich ganz Großbritannien über das Foto eines kühnen Reporters, das ein lebhaftes Echo hervorrief. Es zeigte die Gesundheitsministerin Virginia Bottomley inmitten von über vierzig Verwandten aller Altersstufen, die in dicken Pullovern über die Insel Wight wanderten, um den traditionellen Ostermontagsmarsch abzuhalten – ein Ereignis, das bei jedem Wetter stattfindet. Wenn man der Berichterstattung Glauben schenken darf, sangen sie dabei einen Kanon. Dann versammelten sie sich rings um eine alte Windmühle, wo ein Onkel der neuen Generation (teilweise noch im Kinderwagen) heroisches Gedankengut zu vermitteln suchte, indem er von Captain Scott und dem Untergang der Titanic erzählte. Dies alles war offenbar zum erstenmal geschildert worden, als es sich um hochaktuelle Neuigkeiten gehandelt hatte, und seither trifft sich der Clan alljährlich, um es immer wieder zu hören.

Es gab auch eine Art Ritual, bei dem ein 1918 verlorengegangener Füllfederhalter eine Rolle spielte, aber die Familie behält die diesbezüglichen Einzelheiten diskret für sich.

In gewissen Publikationen wurde Virginia Bottomley wegen ihrer Tradition als Verfechterin des »gesunden, sauberen Enid Blyton-Stils« verhöhnt, im säuerlichen Journalistenton der neunziger Jahre, der extremen Ekel auszudrücken pflegt. Aber ich glaube, der Brauch des Garnett/Bottomley-Clans hat was für sich. In einem Zeitalter, wo »Beziehungen« populärer sind als verwandtschaftliche Bindungen, könnten uns diese Leute ein paar nützliche postmoderne Tips geben. Seit achtundneunzig Jahren hält die Familie Garnett an ihren Zusammenkünften fest, und sie schützen die Ministerin vermutlich am besten vor der Gefahr, ein arrogantes Monster zu werden wie so viele politisch tätige Persönlichkeiten. Es war Mrs. Bottomley, die wegen des Ostermontagsmarsches von den Reportern bestürmt wurde, aber völlig zu Unrecht. Jeder, der über große Clans Bescheid weiß, müßte erkennen, daß sie wohl kaum die Position der Sprecherin einnimmt. In eine so große Versammlung integriert, wird sie sich in eine Schwester zurückverwandeln, in eine Nichte, in eine von vielen respektvollen Zuhörerinnen rings um den Onkel, der aus mysteriösen Familiengründen derzeit eine Spitzenfunktion und die Aufgabe erfüllt, bestimmte Geschichten zu erzählen. Die Ministerin ist nur eine Juniorin und kennt den Platz, der ihr zusteht.

Es gehört zu den größten Verdiensten einer Clan-Versammlung, daß die Hackordnung der Außenwelt (Sie sind die Ministerin, ich bin ein Niemand), nichts mehr zählt, sobald die Familie ihre Zugbrücke hochgezogen hat. Vettern und Kusinen, mehr oder weniger auf der gleichen Stufe wie Geschwister, lassen sich nicht beeindrucken. Sie wissen zuviel über erste Liebesbekümmernisse und pubertäre Akne. Wenn mit solchen Dingen im richtigen Gemeinschaftsgeist verfahren wird, tut es nicht nur der Seele der Ministerin, des Filmstars oder Industriemagnaten gut, es stärkt auch das Selbstbewußtsein der restlichen Familie. Nichts kann einen internationalen Superstar so effektvoll zurechtstutzen wie die Bemerkung einer unbeeindruckten Tante (»Was für ein vulgärer Rock, meine Liebe, und wie krank du aussiehst!«).

Das zweite nützliche Beispiel, das uns der Garnett-Clan gibt, ist der Zeitpunkt seiner Zusammenkünfte, die an einem bestimmten, aber keineswegs monumentalen Tag abgehalten werden. Viele große Familienversammlungen bekommen einen unangenehmen Beigeschmack, weil sie anläßlich von Begräbnissen stattfinden (in melancholischer Atmosphäre, unter dem Damoklesschwert eines womöglich umstrittenen Testaments), bei Hochzeiten (wo man sich durch die Anwesenheit einer relativ fremden Familie gehemmt fühlt) oder zu Weihnachten (wo alle von der Kocherei und unkontrollierbaren Kindern genervt werden).

Aber die wichtigste Lektion, die uns der Garnett-Clan lehrt, hängt mit den Proportionen zusammen. Wenn die Leute vor Familienversammlungen zurückschrecken, denken sie nicht an richtig große Feste. Die wirklich schlimmen Familienzusammenkünfte sind die kleinen, wo man Platzangst kriegt, wo Eltern an einem endlosen Osterwochenende an erwachsenen Kindern herumnörgeln, wo neue Schwiegertöchter gesellschaftliche Unterschiede heraufbeschwören oder wo ein entfernter, deprimierender Verwandter einer kleinen, eng in sich geschlossenen Familie einen Pflichtbesuch abstattet. Vermeiden Sie so etwas unter allen Umständen. Organisieren Sie statt dessen eine ganz große Clan-Versammlung. Jedes Kind hat ein Recht auf eine Tante, die nach Mottenkugeln riecht und wie ein Müllkutscher flucht. Es soll miterleben, wie uralte Fehden neu aufflammen, die schreckliche Geschichte von Onkel Walter hören und erfahren, wie merkwürdig ihm seine Kusinen ähneln. Ein Treffen mehrer Generationen ist ein besserer Geschichtsunterricht, als die Schule ihn bieten kann.

Es gibt aber einige Punkte, die Familien beachten sollten, wenn sie (meistens, weil sie das größte Wohnzimmer besitzen) als Gastgeber der Familienversammlungen fungieren müssen:

- **Keine Konkurrenzkämpfe.** Es spielt keine Rolle, daß Ihre Mutter oder Schwiegermutter zum Weihnachtsessen immer vier Gänge und selbstgebackene Plätzchen serviert und alle ihre besten Kleider anziehen. Machen Sie's auf Ihre Weise und so, wie Sie's am angenehmsten finden. Kochen Sie einfache Gerichte oder solche, bei denen Ihnen andere Familienmitglieder helfen können. Lächeln Sie, bringen Sie die Leute mit Getränken und Scherzen in Stimmung. Ich finde, Papierschlangen oder -schmetterlinge, die über den Tisch fliegen, lenken die Gäste wundervoll von Besteck und Geschirr ab, das nicht zusammenpaßt. Wenn die Kochkünste und der Service zu wünschen übriglassen, hilft ein weiteres (inzwischen traditionelles) Ablenkungsmanöver: Man beschließt den Puddinggang mit einem dieser gräßlichen Miniaturfeuerwerke. Grelle kleine Vulkane explodieren, und als Höhepunkt schnellt eine Riesenschlange in obszönen Windungen aus ihrem schwarzen Kästchen. Der Korditgestank wird sich in Erinnerung diverser Vettern und Kusinen für immer mit Tante Libbys oder Onkel Pauls Nervenzusammenbruch assoziieren.

- **Niemals entschuldigen.** Der Sinn einer großen Familienversammlung besteht darin, einander wiederzusehen, Erinnerungen aufzufrischen und herauszufinden, wie groß die Kinder geworden sind. Wenn das Barbecue aus unkontrollierbaren Gründen verkohlt und vor zwei Tagen der Gips von der Zimmerdecke gefallen ist und alles weiß gefärbt hat, spielt das keine Rolle. Meine Mutter, in ihrer abwechslungsreichen Jugend weit gereist, pflegt solche Situationen hilfreich zu überspielen: »Stellt euch alle vor, ihr wärt jetzt in den Ruinen von Warschau. Da habt ihr's hier noch relativ luxuriös.« Legen Sie also keine zu hohen Maßstäbe an Ihr eigenes Fest. Die werden ohnehin sehr schnell von allen Gästen gesenkt, die noch keine sieben Jahre alt sind.
- **Verwandeln Sie sich in ein UN-Friedenscorps,** wenn's sein muß. Aber zögern Sie nicht, den verfeindeten Fraktionen Ihre schwere Artillerie zu zeigen. Wenn jemand den alten Familienstreit über Religion, das Erbe oder wer

wem 1952 die Spielzeugeisenbahn geklaut hat, wieder aufwärmt, erheben Sie gebieterisch Ihre Stimme. »Zu Weihnachten/Ostern/bei der Familienversammlung will ich kein böses Blut an meinem Tisch haben. Damit würden wir den Kindern ein schlechtes Beispiel geben. Friede allen Menschen, die guten Willens sind. Danke.« Die beste Wirkung erzielen Sie, wenn Sie stets denselben Ton anschlagen, ganz egal, ob Sie mit der Urgroßmutter, Ihrem Ehemann, Ihren eigenen oder anderen Kindern reden. Das funktioniert erstaunlich gut – vorausgesetzt, Sie brechen nicht in Tränen aus.

- **Werden Sie erwachsen.** Irgend jemand muß sich dazu aufraffen. Bei großen Familienversammlungen gibt es ein besonders Problem: Wenn sich dreißig- oder vierzigjährige Geschwister wiedersehen, kehren sie für eine Weile auf die Stufe sechsjähriger zurück. Große Brüder hänseln kleine Schwestern, die prompt beleidigt sind. Mütter kommandieren ihre erwachsenen Töchter herum und machen ein Getue um Söhne, die mittlerweile dreiundvierzig sind, um Himmels willen. Das soll keine freudianische Therapiesitzung oder eine Auferstehungsprozession werden, sondern eine Lunchparty oder ein Familienspaziergang. Ungelöste Familienkonflikte können verdammt noch mal ungelöst bleiben. Es sei denn, Sie wollen furchtlos reinen Tisch machen, Auge in Auge, in einer stillen Küchenecke. »Hör mal, Nigel, ich weiß, ich hab deine weißen Mäuse krepieren lassen, als du im Internat warst. Aber jetzt wären sie ohnehin tot. Und da du inzwischen Bischof geworden bist, solltest du mir verzeihen.«

Das Familienjahr

Das Familienjahr braucht Meilensteine – etwa im Kalender, auf das man sich freuen kann. Familienfeste rechtfertigt man mit der Erklärung, sie würden das kulturelle Erbe oder ein Glaubensbekenntnis repräsentieren – oder einfach nur Spaß machen, besonders in tristeren Jahreszeiten. Bei uns daheim wurden nicht nur alle vier Geburtstage und Weihnachten gefeiert, sondern Neujahr, das Dreikönigsfest, der Fastnachtsdienstag, Ostern, das Erntedankfest, Halloween, Guy Fawkes, der 1. Mai, der Heilige Nikolaus und der Pudding-Donnerstag (ein bißchen obskur, aber man braucht nichts weiter zu tun, als Yorkshire-Pudding zu essen).

Wenn Sie mir Zeit lassen, werde ich auch noch Mittel und Wege finden, um Shakespeares Geburtstag würdig zu begehen, St. Michaelis, die Mittsommernacht, den St. Andrews- und St. Patricks-Tag (für schottische und irische Freunde), und falls Amerikaner vorbeikommen, auch noch den Waldmurmeltiertag, und zwar mit dem größten Vergnügen.

Als ich herausfand, daß der 14. April früher als Erster Kuckuckstag galt, erwog ich ernsthaft, eine Kuckuckstorte zu backen, ein Kuckucksrennen zu veranstalten, einen Wettbewerb für Kuckucksimitationen – was auch immer. Bei der letzten Wohltätigkeitsversammlung organisierten wir einen besonderen Wettkampf. Schlamm, Farbtöpfe und Mehl wurden bereitgestellt, und jeder mußte sich innerhalb von fünf Minuten so schmutzig machen, wie er nur konnte – was auf Polaroids festgehalten wurde. Wie ich jetzt zu meinem milden Entsetzen feststelle, wird das Ergebnis bereits als Tradition betrachtet. »Nächstes Jahr könnten wir uns Marmelade in die Haare schmieren...«

Eine Feier muß nicht teuer sein – ein oder zwei bemalte Papierflaggen, eine Mahlzeit, ein Spiel. Manche Familien machen wundervolle Dinge, blasen ihre eigenen Ostereier aus und verzieren sie mit großartigen Bildern, flechten ihre eigenen Papiergirlanden, kristallisieren Veilchen und kochen faszinierende traditionelle Speisen. Andere – so wie wir – sind da etwas lässiger, holen nur die Kerzen und die Papierschmetterlinge und die schicken Servietten hervor, stellen das alte Zinnspielzeug auf, um für eine festliche Note zu sorgen, und laden ein paar andere Familien zur Ostereiersuche ein – oder zum Dreikönigskuchen, in dem eine Bohne versteckt ist, und der Bohnenentdecker bekommt eine Papierkrone. Auf Familien- und Nachbarschaftsfeiern sollte es entspannt zugehen, und wenn die Eier im Osterstrauch mit Klebeband repariert sind, was macht das schon aus?

Festtagsfreude ist viel wichtiger als Kunstfertigkeit. Und wenn Sie schon frühzeitig einen Familienkalender etablieren, der jedem gefällt, werden Sie Rührungstränen vergießen, wann immer ein baumlanger, grobschlächtiger Teenager mit Sicherheitsnadeln in der Nase und Neonhaar ruft: »He, wo ist denn das Osterlamm aus Wachs? Das stand doch immer da!« Ach ja!

Hausgäste und Übernachtungen in fremden Betten

Oh, ich liebe ein Haus voller Leute. Eine wundervolle Ausrede, wenn das Niveau noch tiefer sinkt als sonst... Daheim verbrachte ich meine fröhlichsten Wochenenden, wenn sechsköpfige Familien zu Besuch kamen und wie Sardinen in Schlafsäcken auf einem Kissenberg lagen. Wie ich zugeben muß, sieht mein Mann das etwas anders, aber wenn man ihm ein bißchen um den Bart streicht, läßt er sich umstimmen. Die Kinder lieben es auch. Viele Leute, viele Leute, die mit einem Kricket spielen! Babys, die man in der ganzen Nachbarschaft herumzeigen kann! Trotzdem will ich ein paar Vorschläge machen, aus bitteren Erfahrungen heraus.

- **Respektieren Sie das Territorium der Kinder.** In manchen Haushalten ist es üblich, zumindest ein Kind regelmäßig aus seinem Schlafzimmer zu vertreiben, wenn Besuch kommt. Und dann schläft der Gast neben der Spielzeugeisenbahn oder den Star-Trek-Heften oder unter dem Jason-Donovan-Poster. Okay. Aber falls Sie zufällig ein Kind haben, das sein eigenes Reich leidenschaftlich liebt, vergessen Sie's. Es lohnt sich nicht, die Atmosphäre zu vergiften. Legen Sie den Gast lieber auf ein Klappbett ins Wohnzimmer. Oder ziehen Sie aus Ihrem eigenen Schlafzimmer aus, wenn Sie wollen. Manchmal kann man ein Kind natürlich mittels Bestechung veranlassen, sein Zimmer kurzfristig zur Verfügung zu stellen. Aber dann riskieren Sie, daß es den Gast das ganze Wochenende lang anstarrt und mehrmals verkündet: »Meine Mummy hat mir drei Pfund bezahlt, damit ich dir mein Bett gebe.«

- **Fremde Kinder zu Besuch.** Das kann problematisch werden, selbst wenn sie verwandt sind. Die meisten Kinder aller Altersstufen teilen zwar liebend gern ihr Zimmer mit Freunden, aber fremde Kinder (vielleicht mit komischen Gewohnheiten, zum Beispiel wenn sie ihre Kleider zusammenfalten) wirken oft beunruhigend. Womöglich schnarchen sie. Natürlich können Sie versuchen, Ihrem widerstrebenden kleinen Gastgeber gut zuzureden. Aber eine massive, phantasievolle Bestechung ist besser, etwa: »Es ist wie eine Party. Wenn ihr morgen aufwacht, schleicht ihr zusammen herunter, und dann gibt's ein besonderes Frühstück. Aber das müßt ihr erst mal suchen. Im ganzen Erdgeschoß sind Zettel mit Rätseln verteilt.« Und dann setzen Sie sich mit der Mutter des kleinen Besuchers hin und dichten die ganze Nacht Rätsel – oder bis Ihnen die Augen zufallen. Vielleicht finden Sie noch eine weitere Möglichkeit, um die Kinder zu ködern, damit Sie am Morgen länger schlafen können.
- **Ein besonderer Anlaß.** Hin und wieder ist es okay, ein Kind zu verwöhnen. Einmal übernachtete ein Neunjähriger ohne seine Eltern bei uns. Er führte sich schrecklich auf und jammerte so laut, daß ich mich zu einem noch extremeren Bestechungsmanöver entschloß. Nachdem ich mit der Hilfe seines großen Bruders mehrmals, aber vergeblich versucht hatte, ihn zu beruhigen, ging ich wieder ins Zimmer, knipste das Licht an und sagte: »Es gibt zwei Möglichkeiten, Charles. Entweder ziehe ich mich jetzt an und fahre dich zu deiner Mutter, was langweilig wäre. Oder du hälst den Mund, machst keinen Mucks mehr, und wenn du morgen früh aufwachst, liegt ein

Überraschungsgeschenk auf deinem Kissen – und die anderen kriegen natürlich auch eins.« (Man hat doch immer einen Vorrat an Überraschungsgeschenken parat, oder? Na klar!) Zehn Minuten später schliefen alle, ich inklusive. Den Grund, warum sich der Kleine so aufgeregt – oder aufzuregen vorgegeben – hatte, sollten wir nie erfahren. Aber mein instinktives Gefühl, daß es nichts Schlimmes gewesen sein kann, wurde triumphal bestätigt...

- **Entscheiden Sie sich für schlichte Gastfreundschaft.** Wenn man gute Freunde oder entfernte Verwandte nach langer Zeit wiedersieht, gerät man leicht in Versuchung, mit einem Berg selbstgebackener Croissants oder hochgestochenen Gourmet-Kochkünsten zu übertreiben. Tun Sie's nicht. Es sei denn, Ihre Teenager sind alt genug, um den Großteil der Arbeit zu übernehmen. Wie die Bibel mehr oder weniger sagt, schlichtes Gemüse, mit Liebe gekocht, ist besser als ein ganzer Ochse mit viel Theater um die passende Sauce.
- **Lassen Sie Singles genug Freiraum.** Freunde mit Kindern, besonders mit kleinen Kindern, sind meistens so dankbar, wenn ihre ganze Familie für ein Wochenende von Ihrem Haushalt absorbiert wird, daß sie mit allem glücklich sind, was Sie mit ihnen anstellen. Sogar ein Besuch im Supermarkt anderer Leute kann Urlaubsgefühle wecken. Aber kinderlose Gäste – und das vergißt man leicht – fühlen sich oft vom Familienleben überwältigt. In einer Familie gewöhnt man sich an die ständige Gesellschaft verschiedener Altersklassen, so daß man sie kaum noch bemerkt. Aber was Ihnen als nettes, gutmütiges, sanft dahinplätscherndes jugendliches Geschwätz erscheint, kann einem alternden Urgroßonkel oder einer nervösen Karrierefrau, die über den neuen Mann in ihrem Leben nachzudenken versucht, schmerzhaft in den Ohren tönen. Und da ich immer wieder betone, wie wichtig alleinstehende Freunde fürs Familienleben sind, wie befreiend und unterhaltsam, sollten Sie etwas Rücksicht

nehmen und sie nicht in den Wahnsinn treiben. Wie Sie das machen, hängt von Ihren eigenen Gewohnheiten ab, von der Organisation Ihres Haushalts. Denken Sie jedenfalls darüber nach.

- **Versuchen Sie nicht, mit Ihrer perfekten Familie zu prahlen.** Das würde die Leute nur ärgern, ob sie eine eigene Familie haben oder nicht. Zwingen Sie die Kinder nicht, irgendwelche Künste vorzuführen, wenn sie's selber nicht wollen – mögen sie nun Cello spielen oder Step tanzen oder sonstwas können. Und wenn es einem auch schwerfällt, sich vor den prüfenden Augen von Außenseitern natürlich zu benehmen (Man erfährt eine ganze Menge über das Familienleben anderer Leute, wenn man bei ihnen wohnt – wo hätte ich sonst soviel Material für dieses Buch her?), versuchen Sie sich so zu verhalten, wie Sie's normalerweise auch tun würden. Vor allem in Gegenwart kleinerer Kinder – seien Sie immer Sie selbst: Schreien oder schmeicheln oder schmusen Sie, wenn Ihnen danach zumute ist. Sonst entsteht eine seltsame, falsche, angespannte Atmosphäre. Ältere Kinder und Teenager müssen natürlich einen gewissen gesellschaftlichen Umgang lernen und es dem Besuch möglichst bequem machen. Aber nicht einmal von ihnen sollte man erwarten, einem Gast zuliebe ihr gewohntes Leben völlig umzukrempeln. Und wenn letzteres wirklich so schlimm ist, sollten sie's vielleicht auch ohne Gäste ändern…

15. Nörgeleien und Lobeshymnen

Das letzte, was ich am Ende dieses Buches will, sind ein paar abgerundete Schlußsätze oder eine banale Zusammenfassung des Themas Familienleben. Jede Familie ist anders, jedes Jahr ihres Daseins verläuft anders, und in jedem Alter verhält man sich anders. Die Gesellschaft, die wirtschaftlichen Umstände und die Anschauungen verändern sich. Es ist sinnlos, auf ein »goldenes Zeitalter« der Familienorganisation zurückzublicken. Es gibt keine Schablone für ideale Häuslichkeit. Wir können nur gewisse Grundregeln anwenden – Freundlichkeit, Fairneß und Toleranz gegenüber den Schwächen anderer.

Deshalb will ich zum Abschluß verschiedene Stimmen aus der Vergangenheit sprechen lassen, die diese große Institution beschimpfen, preisen oder verspotten. Und achten Sie auf die Echos – auf die zentralen Dinge, die sich glücklicherweise niemals ändern.

Dein Weib wird sein wie ein fruchtbarer Weinstock drinnen in deinem Hause, deine Kinder wie Ölzweige um seinen Tisch her.

Psalm 128

Wer immer die lange Dauer und die Schwäche der menschlichen Kindheit überdenkt, mit jener Sorge um die Nachkommenschaft, die beide Geschlechter natürlicherweise empfinden, wird leicht erkennen, daß sich Mann und Frau verbünden müssen, um die Jugend zu erziehen, und daß es ein langfristiges Bündnis sein muß.

David Hume, *Traktat über die menschliche Natur,* 1740

Daß alle Menschen Brüder sein sollten, ist der Traum von Leuten, die keine Brüder haben.

Charles Chincolles

Ihr seid die Bogen, von denen eure Kinder als lebende Pfeile entsandt werden.

Khalil Gibran, *Der Prophet*, 1923

»Wie die Pfeile in der Hand des Riesen sind die kleinen Kinder.« So heißt es im wunderbaren Brevier unseres Gebetbuchs über die kirchliche Erziehung der Frauen. »Glücklich der Mann, dessen Köcher voll ist.« Dem pflichte ich bei, aber er möge seinen Köcher nicht über uns Wehrlosen entladen...

Ich weiß, es gibt ein Sprichwort, das lautet: »Wenn du mich liebst, dann liebst du auch meinen Hund.« Das ist nicht immer anwendbar, schon gar nicht, wenn es der Hund darauf anlegt, einen zu ärgern oder bei der Jagd zu beißen. Aber einen Hund oder etwas Geringeres – einen leblosen Gegenstand wie ein Erinnerungsstück, eine Uhr, einen Baum oder den Ort, wo ich mich von meinem Freund vor dessen langer Reise verabschiedet habe – kann ich lieben, weil ich ihn liebe, ebenso wie alles, was mich an ihn erinnert; vorausgesetzt, es ist von Natur aus indifferent und bereit, sich mir so zu zeigen, wie ich es wünsche. Aber Kinder haben einen bestimmten Charakter, ein eigenes Wesen: Sie sind *per se* liebenswürdig oder unliebenswürdig; ich muß sie lieben oder hassen, so wie ich es in ihren Eigenschaften begründet sehe. Die Natur eines Kindes ist zu bedeutsam, als daß man es als bloßes Anhängsel eines anderen Menschen betrachten und dementsprechend lieben oder hassen könnte. Kinder stehen vor mir wie eigenständige Wesen, so wie Männer und Frauen.

Charles Lamb, *Essays of Elia*, 1823

Die Familie ist ein Gerichtssaal, der weder tagsüber noch nachts geschlossen ist.

Malcolm de Chazal

Jede große Familie hat ihren Engel und ihren Dämon.

Joseph Roux

»...unvorhergesehene Ereignisse treten auch in den bestgeleiteten Haushaltungen ein. In Familien, die nicht durch den alles durchdringenden Einfluß, der zugleich den Genuß heiligt und ihn erhöht, – kurz, ich wollte sagen, wenn keine Hausfrau da ist, sind sie mit Sicherheit zu erwarten und müssen mit stoischem Gleichmut getragen werden.

Mr. Micawber in *David Copperfield,* Charles Dickens, 1850

Ich habe ihn (Micawber) zum Abendessen nach Hause kommen sehen mit einer Flut von Tränen und der Erklärung, es bliebe nichts mehr übrig als das Schuldgefängnis, und dann schlafen gehen mit einer Berechnung beschäftigt, was es kosten würde, das Haus mit Bogenfenstern zu versehen, im Falle »eine glückliche Wendung eintreten« sollte, wie sein Lieblingsausdruck lautete.

Mrs. Micawber, *ibid*

Ich war stets der Ansicht, daß der rechtschaffene Mann, wenn er sich verheiratet und eine zahlreiche Familie aufzieht, mehr Nutzen stiftet, als wenn er unverheiratet bleibt und nur von Bevölkerungsmaßnahmen redet.

Oliver Goldsmith, *Der Landprediger von Wakefield,* 1766

Es gibt eine Photographie von Tante Sadie und ihren sechs Kindern, wie sie alle zusammen um den Teetisch in Alconleigh sitzen. Der Tisch steht da, wo er immer gestanden hat, wo er heute steht und immer stehen wird, in der Halle, vor einem gewaltigen Kamin, in dem ein Feuer prasselt...

Die anderen Kinder, von der elfjährigen Louisa bis hinunter zu dem zweijährigen Matt, sitzen im Sonntagsstaat oder mit umgebundenem Lätzchen am Tisch. Je nach Alter halten sie Tassen oder Becher in den Händen, starren mit großen, vom Blitzlicht geweiteten Augen in den Photoapparat und sehen allesamt so aus, als könnten sie nicht bis drei zählen. Da sind sie, wie kleine Fliegen eingeschlossen in den Bernstein dieses Augenblicks – klick macht die Kamera, und weiter geht das Leben; die Minuten, die Tage, die Jahre, die Jahrzehnte, die sie vom Glück und von den Verheißungen der Jugend fortreißen, von den Hoffnungen, die Tante Sadie für sie gehegt haben muß, und von den Träumen, die sie selbst träumten. Oft denke ich, es gibt nichts Traurigeres als alte Familienphotos.

Nancy Mitford, *Englische Liebschaften*, 1945

»Du stehst also vor einer unseligen Alternative, Elizabeth. Von heute an hast du es mit einem Teil deiner Eltern verdorben. Deine Mutter will dich nicht mehr sehen, wenn du Mr. Collins nicht heiratest, und ich will dich nicht mehr sehen, wenn du es tust.«

Mr. Bennet in *Stolz und Vorurteil*, Jane Austen 1813

Jungs werden immer Jungs bleiben – und nicht einmal das würde eine Rolle spielen, könnten wir nur die Mädchen davon abhalten, Mädchen zu sein.

Anthony Hope Hawkins, 1900

Judith stieß langgezogene, zitternde Atemstöße aus und vergrub ihre Arme noch tiefer im Schal. Unheilvoll und heimtückisch blubberte der Haferbrei; als wäre er mit Leben erfüllt, so beängstigend paßte sich seine Bewegung den menschlichen Leidenschaften an, die über ihm vibrierten.

»Hund!« sagte Judith endlich mit ruhiger Stimme. »Feigling! Lügner! Wüstling! Wo warst du letzte Nacht, und mit wem? Mit Moll in der Mühle oder mit Violet im Pfarrhaus? Oder vielleicht mit Ivy in der Eisenwarenhandlung? Seth – mein Sohn...« Ihre tiefe, trockene Stimme bebte, aber sie riß sich zusammen, und ihre nächsten Worte klangen wie Peitschenhiebe. »Willst du mir das Herz brechen?«

»Ja«, sagte Seth schlicht und einfach.

Der Haferbrei kochte über.

Stella Gibbons, *Cold Comfort Farm*

Jede Generation lehnt sich gegen ihre Väter auf und schließt mit ihren Großvätern Freundschaft.

Lewis Mumford, 1931

Die Familie!... Dieser liebe Krake, deren Fangarmen wir nie entkommen, und in der Tiefe unseres Herzens wollen wir das auch gar nicht.

Dodie Smith, Kolumnistin

Kinder kann man am ehesten ans Haus binden, wenn man die heimische Atmosphäre angenehm gestaltet – und die Luft aus den Reifen läßt.

Dorothy Parker (1893–1967)

Weit davon entfernt, die Grundlage der guten Gesellschaft zu bilden, ist die Familie mit ihrer engstirnigen Privatspäre und ihren geschmacklosen Geheimnissen die Quelle unserer Unzufriedenheit.

Sir Edmund Leach, 1967

Gordon wuchs in einer Atmosphäre von aufgetragenen Kleidern und geschmortem Hammelnacken auf. Sein Vater war, wie die anderen Comstocks, ein deprimierter und daher deprimierender Mensch, aber er hatte einigermaßen Verstand und eine leichte Neigung zum Literarischen. Und in Anbetracht dessen, daß er einen eher literarischen Verstand besaß und ihn vor allem, was mit Zahlen zu tun hatte, das kalte Grausen befiel, war es Großpapa Comstock als das Allernatürlichste erschienen, ihn zu einem vereidigten Buchprüfer zu machen...

Gordon wurde auf erbärmliche, prätentiöse Schulen geschickt, deren Gebühren sich auf rund 120 Pfund pro Jahr beliefen. Natürlich bedeuteten selbst diese Gebühren zuhause ein schreckliches Opfer. Unterdessen erhielt Julia, die fünf Jahre älter war als er, so wenig Erziehung, wie nur irgend möglich war. Sie wurde zwar auf ein paar ärmliche, zweifelhafte kleine Internate geschickt, doch wurde sie mit sechzehn endgültig »heruntergenommen«. Gordon war »der Junge«, und Julia war »das Mädchen«, und alle fanden es ganz natürlich, daß »das Mädchen« »dem Jungen« geopfert wurde. Außerdem hatte man in der ganzen Familie schon frühzeitig beschlossen, daß Gordon »gescheit« war. Mit seiner wunderbaren »Gescheitheit« würde Gordon Stipendien bekommen, im Leben glänzende Erfolge erzielen und die Geschicke der Familie wenden – so lautete die Theorie, und niemand glaubte fester daran als Julia.

George Orwell, *Die Wonnen der Aspidistra,* 1936

Mein Vater fürchtete sich vor seiner Mutter, ich fürchtete mich vor meinem Vater, und ich werde verdammt noch mal dafür sorgen, daß sich alle meine Kinder vor mir fürchten.

Georg V (1865–1936)

Eltern lernen am besten von ihren Kindern, wie man das Leben meistert.

Muriel Spark (geb. 1918)

Kann es nichts ignorieren, dann leidet ein Kind,
Weshalb die Eltern erschaffen sind.

Ogden Nash (1902–71)

Manche Nichten könnten und manche Nichten wollen die Lektionen einer Tante nicht beherzigen...

A. E. Housman (1859–1936)

Alle glücklichen Familien ähneln einander; jede unglückliche aber ist auf ihre eigene Art unglücklich.

Leo Tolstoi, *Anna Karenina,* 1875–77

Was mich in Amerika am meisten beeindruckt, ist der Gehorsam der Eltern ihren Kindern gegenüber.

Der Herzog von Windsor (1894–1972)

Wahnsinn ist erblich: Man bekommt ihn von seinen Kindern.

Sam Levenson

Ihr Väter und Mütter in aller Welt,
Kritisiert nicht, was ihr nicht versteht.
Die Kinder sind nicht mehr eurem Befehl unterstellt,
Denn die Zeiten ändern sich...

Bob Dylan (geb. 1941)

Als ich ein Junge von vierzehn Jahren war, wußte mein Vater so wenig, daß ich die Nähe des alten Mannes kaum ertrug. Aber als ich einundzwanzig wurde, staunte ich, weil er in sieben Jahren so viel gelernt hatte.

Mark Twain (1835–1910)

Ein Ehemann sollte seine Frau nicht in der Öffentlichkeit beleidigen, ... sondern in den eigenen vier Wänden.

James Thurber (1894–1961)

Es muß ein unverheirateter Narr gewesen sein, der sagte: »Ein Kind stellt manchmal Fragen, die ein kluger Mann nicht beantworten kann.« Denn in jedem anständigen Haus wird ein Balg, das Fragen stellt, sofort ins Bett geschickt.

Arthur Binstead, Journalist, (1861–1914)

Die erste Hälfte unseres Lebens wird von den Eltern ruiniert, die zweite von den Kindern.

Clarence Darrow, amerikanischer Rechtsanwalt (1857–1938)

Die Familie! Ursprung allen gesellschaftlichen Übels, eine Wohlfahrtseinrichtung für träge Frauen, ein Gefängnis und Arbeitslager für den versklavten Ernährer, eine Hölle für die Kinder.

August Strindberg (1849–1912)

Man wäre nicht so leicht die Beute
Der Tücken all der fremden Leute,
Wär die Gesellschaft so mancher Verwandter
ein kleines bißchen amüsanter...

Ogden Nash (1902–71)

Die Familie ist ein Meisterwerk der Natur.

George Santayana, *The Life of Reason*, 1905–6